기독교문서선교회(Christian Literature Center: 약칭 CLC)는 1941년 영국 콜체스터에서 켄 아담스에 의해 시작되었으며 국제 본부는 미국 필라델피아에 있습니다. 국제 CLC는 59개 나라에서 180개의 본부를 두고, 약 650여 명의 선교사들이 이동도서차량 40대를 이용하여 문서 보급에 힘쓰고 있으며 이메일 주문을 통해 130여 국으로 책을 공급하고 있습니다. 한국 CLC는 청교도적 복음주의 신학과 신앙서적을 출판하는 문서선교기관으로서, 한 영혼이라도 구원되길 소망하면서 주님이 오시는 그날까지 최선을 다할 것입니다.

이 재 영 목사
대구 아름다운교회 담임, 『희망도 습관이다』의 저자

하나님께서 하나님의 백성들에게 주신 최고의 선물 중에 하나가 바로 성경이다. 이 성경은 인간의 말이 아니라 하나님의 말씀이기에 생명력이 있다. 길어내고 길어내도 마르지 않은 지혜의 샘이다. 영혼의 목마름을 채워주는 은혜의 생수다. 이 좋은 것을 내 것으로 만들기 위해서 필요한 것이 있다. 바로 묵상이다.
하나님의 말씀의 깊이와 넓이를 알기 위해서는 반드시 묵상이 필요하다. 묵상에는 '얕은 묵상'이 있고 '깊은 묵상'이 있다. 얕은 묵상은 말씀의 겉 맛만 볼 수 있다. 깊은 묵상은 말씀의 속 맛을 볼 수 있다. 설교자는 하나님의 말씀을 맡은 자이기에 얕은 묵상이 아니라 깊은 묵상이 필요하다. 문제는 많은 설교자들이 깊은 묵상의 방법을 모른다는 것이다. 이런 면에서 김도인 목사님의 『설교자와 묵상』이라는 책이 나왔다는 것은 너무나 기쁘고 감사한 일이다.
이 책은 묵상에 대한 설교자들의 목마름을 해결해 줄 것이다. 저자가 제시하는 묵상법은 하루아침에 나온 것이 아니다. 오랜 기도와 고민과 다양한 인문학적인 독서를 통해 나온 것이다. 이 묵상법을 통해 설교자는 나만의 주석을 만들 수 있다. 다양한 각도에서 말씀을 바라보는 통찰력이 생긴다. 이 묵상은 설교로 그대로 이어질 수 있다.
이 책은 깊은 묵상에 목말라 있는 설교자들이 읽어야 할 필독서이다. 이 책을 통하여 묵상에 대한 새로운 패러다임의 변화가 일어나기를 소망해 본다.

이 언 구 목사
용문교회 담임, 『그리스도인은 소프트아이스크림을 먹는다』의 저자

설교는 '실마리를 풀어가는 것'이다. 실마리를 풀어갈 때 가장 먼저 해야 할 일이 '실마리를 잡는 것'이다. 감겨 있는 실타래에서 실마리를 잡기 위해서는 수고와 지혜가 필요하다. 때로는 복잡하게 헝클어져 있는 실타래에서 보이지 않는 실마리, 실의 첫머리를 찾아야 하기 때문이다.
김도인 목사님의 여러 저서 중에 명저 『설교는 글쓰기다』는 '실마리를 풀어가는

내용'의 책이다. 이번에 출간된 책 『설교자와 묵상』은 '실마리를 잡는 내용'의 책이다. 즉, 성경 본문 속에 숨겨져 있는 하나님의 메시지를 찾는 것이다. 그 도구는 '창조적 성경 묵상법'이다.

창조적 성경 묵상법은 차별화된 구조와 틀을 갖고 있다. 이는 김도인 목사님의 말씀 묵상의 깊이와 독서, 글쓰기를 통해 하나님께서 주신 특별한 선물이다. 그 구조와 틀을 따라 묵상해 나가면 '실마리'가 보인다. 복잡하게 헝클어져 보이지 않던 '실마리'를 잡게 된다. "와~" 감탄사가 나온다. 하나님의 말씀이 '밭에 감추어진 보물'임을 실감한다. 실마리를 잡고 실마리를 풀어가는 설교 준비가 마냥 행복하고 감사하다. 설교 속에 하나님의 말씀이 살아 춤춘다.

나는 『설교자와 묵상』을 통해 설교의 실마리를 잡고, '설교 글쓰기'를 통해 설교의 실마리를 풀어가고 있다. 그래서 '들리는 설교,' '적용과 감동이 있는 설교,' '늘 신선한 설교'로 발전하고 있다고 감히 고백할 수 있다. 『설교자와 묵상』을 적극 추천한다.

이 상 갑 목사
산본교회 담임, 청년사역연구소 소장, 『결국, 말씀이다』의 저자

설교자에게 묵상은 물 근원과 같다. 물 근원이 맑고 끊임없이 펑펑 솟아날수록 좋은 샘이듯, 설교자는 묵상이 맑고 깊어야 설교를 해도 계속해서 흘러가서 영적 기갈에 시달리는 사람들을 도울 수 있다.

이 책은 설교자에게 설교의 근원이 되는 샘과 같은 곳이 묵상임을 깊이 깨닫게 한다. 젊은 사역자들일수록 이 책을 읽어야 한다. 읽고 자신들의 삶의 자리로 연결해야 한다. 사역은 스킬(Skill)이 아닌 스피릿(Spirit)이 중요하다. 이 책을 읽으면 왜 묵상이 중요한지, 묵상을 어떻게 해야 하는지 알게 된다. 즉, 독자들은 이 책을 통해 스피릿을 채울 수 있다.

묵상은 언제나 우리 내면을 풍성하게 해준다. 묵상은 말씀이 내면으로부터 흘러가는 설교가 가능하게 하는 힘이 있다. 그러기 위해 이 책에서 말하고 있는 '질문의 힘'과 '창조적 성경 묵상법'은 설교자들이 반드시 체질화해야 할 영적 훈련이다. 나는 이 책을 손에 쥔 여러분들이 남다른 설교자로 준비되는 데 큰 격려가 되고 힘이 될 것이라고 생각하며 기쁘게 추천한다.

김 영 한 목사
'Next 세대 Ministry' 대표, 「미쳐야 미친다」의 저자

나는 매일 묵상을 한다. 그러면서 성경 말씀을 통해 은혜를 누리고 있다. 이런 은혜를 누리고자 SNS에서 사람들에게 매일 묵상을 권면한다. 그러나 매일 매일 묵상을 지속적으로 깊이 하기는 쉽지 않다.

김도인 목사님이 쓰신 『설교자와 묵상』은 어떻게 묵상할지, 묵상이 묵상자와 설교자에게 어떤 유익이 있는지를 잘 정리해 주셨다. 단순히 묵상의 중요성만이 아니라 어떻게 제대로 묵상할지를 제시해 주셨다.

이 책은 단문 묵상이 아니라 '창조적 성경 묵상'을 하도록 가이드를 제시하고 있다. 한 번만 읽어 봐도 묵상의 방법과 은혜의 깊이가 달라진다. 김도인 목사님의 묵상법은 설교자로 하여금 설교를 표절하지 않도록 한다. 신선한 활어를 상에 내어놓듯, 설교자가 강대상에서 더 생기 있게 파닥파닥 뛰는 살아 있는 메시지를 전할 수 있도록 한다.

특히, 묵상을 통해 어떻게 설교자가 말씀을 대하고, 어떻게 성도가 그 묵상한 말씀을 통해 삶의 제자로 살아갈지를 제시해 준다. 묵상을 하고 있다면 꼭 구입하길 권한다. 묵상을 하지 않고 있다면 필수적으로 읽고, 깊은 묵상의 바다에 빠지면 좋겠다. 은혜의 샘이 여러분의 삶에서 철철 흘러넘칠 것이다.

설교자와 묵상

설교를 위한 묵상

Preacher and Meditation: From Meditation to Sermon
Written by Do In KIM
All rights reserved.
Korean Edition Copyright ⓒ 2020 by Christian Literature Center, Seoul, Korea

설교자와 묵상

2020년 1월 30일 초판 발행

| 지은이 | 김도인

| 편집 | 정재원
| 디자인 | 한우식
| 펴낸곳 | (사)기독교문서선교회
| 등록 | 제16-25호(1980.1.18)
| 주소 | 서울특별시 서초구 방배로 68
| 전화 | 02-586-8761~3(본사) 031-942-8761(영업부)
| 팩스 | 02-523-0131(본사) 031-942-8763(영업부)
| 이메일 | clckor@gmail.com
| 홈페이지 | www.clcbook.com
| 송금계좌 | 기업은행 073-000308-04-020 (사)기독교서선교회

ISBN 978-89-341-2068-1(04230)
ISBN 978-89-341-1825-1(SET)

이 도서의 국립중앙도서관 출판예정도서목록(CIP)은 서지정보유통지원시스템 홈페이지 (http://seoji.nl.go.kr)와 국가자료공동목록시스템(http://www.nl.go.kr/kolisnet)에서 이용하실 수 있습니다. (CIP제어번호:CIP2019049861)
이 책의 저작권은 저자와 (사)기독교문서선교회가 소유합니다. 신저작권법에 의하여 한국 내에서 보호받는 저작물이므로 무단 전재와 무단 복제를 금합니다.

아트설교 시리즈 12

설교자와 묵상

김도인 지음

설교를 위한 묵상

CLC

목 차

추천사

이 재 영 목사_대구 아름다운교회 담임, 『희망도 습관이다』의 저자
이 언 구 목사_옹문교회 담임, 『그리스도인은 소프트아이스크림을 먹는다』의 저자
이 상 갑 목사_산본교회 담임, 청년사역연구소 소장, 『결국, 말씀이다』의 저자
김 영 한 목사_Next 세대 Ministry 대표, 『미쳐야 미친다』의 저자

프롤로그 · 10

제1장 묵상과 설교는 하나다 · 15

1. 묵상과 설교는 둘이 아니라 하나다 · 16
2. 묵상은 하나님의 음성 듣기다 · 23
3. 묵상은 간절함의 양념치기다 · 29
4. 이렇게 묵상하라 · 35

제2장 질문, 묵상을 힘있게 한다 · 43

1. 묵상은 "질문"으로 시작해 "질문"으로 끝난다 · 44
2. 질문이 세상을 끌고 간다 · 49
3. 예수님으로부터 질문을 배워라 · 55
4. 낯설고, 깊이 있는 질문을 해라 · 61
5. 개념화해서 질문하라 · 67
6. 묵상이 예수 그리스도의 제자를 만든다 · 70

제3장 창조적 성경 묵상을 하라 · 77

1. 창조적 성경 묵상법이 설교의 정상에 서도록 한다 · 78
2. 창조적 성경 묵상법의 네 단계 · 85
3. 창조적 성경 묵상의 실례 1: 제목 잡기, 이같이 하라 · 97
4. 창조적 성경 묵상의 실례 2: 하나님의 마음과 의도 · 106
5. 창조적 성경 묵상의 실례 3: 등장인물 마음 읽기 · 112
6. 창조적 성경 묵상의 실례 4: '그때'와 '지금'을 연결하라 · 118
7. 창조적 성경 묵상의 실례 5: 낯설게 적용하기기 · 125

제4장 묵상에서 설교로 어떻게 연결할 것인가? · 133

1. '성경 읽기'가 묵상을 결정한다 · 134
2. '몰입 읽기'까지 이끌어라 · 142
3. 하나님의 관점이 당신이 가져야 할 관점이다 · 146
4. 설교의 출발은 개념 설명이다 · 151
5. 적용은 30% 이상이다 · 162
6. 설교는 단순해야 한다 · 170

에필로그 · 178

부록: 창조적 성경 묵상법의 실제(수 4:19-24) · 183

프롤로그

김 도 인 목사
아트설교연구원 대표

설교는 '묵상'으로 시작해서 '묵상'으로 마친다. 설교할 본문이 정해지면 설교자가 맨 처음 하는 일이 묵상이다. 설교를 삶에 스며들게 하는 마지막 일도 묵상이다. 결국 설교는 묵상이 중심에 있다.

묵상을 하는 것이 중요하다. 이에 못지 않게 중요한 것이 있다. '묵상을 어떻게 하는가'다. 설교와 즉각적으로 설교와 연결될 수 있는 묵상을 해야 한다.

필자가 묵상을 시작하게 된 이유가 있다. 그것은 설교가 들리지 않았기 때문이다. 목회를 행복하게 할 때쯤이었다. 교인 중 배움이 있는 한 명이 다음과 같이 말했다.

"설교가 들리지 않아요."

'아니, 설교가 들려야 한단 말인가?'

'설교는 바른 해석을 바탕으로 여러 성경을 뒷받침하여 청중에게 하나님의 말씀을 전하는 것 아닌가?'

'청중은 설교가 들려지길 바라는 것이 아니라, 하나님께서 하시는 말씀을 '아멘'으로 받아들이는 사람이 아닌가?'

필자는 설교자와 청중 사이에 있는 설교에 대한 견해 차이가 아주 컸다. 그 뒤에 어떤 일이 벌어졌는지는 말하지 않아도 알 것이다.

설교에 대한 청중의 불만이 쏟아지자 필자는 그것이 바로 묵상의 문제라고 단정했다. 그때부터 묵상을 가르치는 곳을 여러 곳 기웃거렸다. 몇 년간 묵상을 배우려고 몸부림쳤다.

드디어 묵상을 배워 묵상을 보완했다. 그리고 배운 대로 묵상을 한 뒤 설교를 했다. 그래도 문제는 해결되지 않았다.

그렇다면 문제가 무엇인가?

묵상이 설교로 연결이 되지 못했던 것이다.

그렇다면 이젠 어떻게 해야 한단 말인가?

고민만 깊어졌다.

그때 생각했다.

'묵상을 설교로 연결할 수 있는 묵상법을 만들자!'

오랜 시간 큐티(QT)와 개인 성경 연구(PBS)를 통해 설교를 했다. 하지만 청중의 불만은 가시지 않았다. 이 난관을 타개할 방책이 필요했다. 그때부터 성경 묵상을 시작했다. 단순한 큐티나 개인 성경 연구가 아니라 설교로 연결될 수 있는 성경 묵상법 만들기를 몇 년간 계속했다.

오랜 연구와 실습 끝에 기존의 큐티나 개인 성경 연구와 완전히 다른 묵상법이 만들어졌다. 이것이 바로 "창조적 성경 묵상법"이다. 창조적 성경 묵상법의 특징은 이렇다.

첫째, 신학과 인문학을 융합한 묵상법이다.

둘째, 설교를 위한 묵상법이다.

그렇다고 평신도들과는 무관한 묵상법이 아니다. 깊은 묵상을 하고자 하는 평신도에게 하나님의 깊은 진리를 묵상할 수 있게 하는 탁월한 방법이기도 하다.

셋째, 묵상의 틀(프레임)을 제공한다.

어떤 것이든 틀이 있어야 수월하게 할 수 있다.

창조적 성경 묵상법은 결코 쉽지 않다. 그렇다고 어렵지도 않다. 숙달만 되면 설교 준비에 큰 도움이 될 것이다.

이 책은 네 장으로 구성되어 있다.

제1장은 묵상과 설교는 다른 것이 아니라 하나라는 것을 다룬다. 또한 설교를 위한 묵상이 무엇인가를 다룬다.

제2장은 묵상을 묵상답게 하는 것은 질문이라는 사실을 다룬다. 묵상에서 질문이 주는 힘과 예수의 질문법을 통해 묵상을 이끄는 것이다. 이 질문법은 인문학적 질문법이다. 본문에 갇힌 질문이 아니라 본문을 담아내는 질문을 하기 위해 인문학의 도움을 받았다.

제3장은 '창조적 성경 묵상법'을 다룬다. 창조적 성경 묵상법은 설교를 위한 최적화된 묵상법이다.

제4장은 묵상에서 설교로 이어지는 데 필요한 설교를 위한 성경 읽기, 하나님의 관점 갖기, 설명의 중요성, 적용법에 대해서 다룬다.

이 책의 약점이 있다. 설교를 위한 묵상을 한 뒤 설교의 구성과 글에 대해 다루어야 하는데 설교의 구성과 글은 다루지 못했다. 그 이유는 묵상에 집중했기 때문이다. 설교의 구성은 필자의 책『설교는 인문학이다』를 통해, 설교 글쓰기는『설교는 글쓰기다』를 통해, 설교의 논증법은『설교를 통해 배운다』를 통해 도움을 받을 수 있다.

설교자에게 묵상은 설교와 관련이 깊어야 한다. 설교와 깊은 관련이 없다면 묵상은 묵상대로 해야 하고, 설교는 설교대로 해야 한다. 늘 시간에 쫓기는 설교자 입장에서는 불만일 수밖에 없다. 하지탄 '창조적 성경 묵상법'으로 묵상을 하면 묵상이 설교로 연결될 수 있어 상상할 수 없는 도움이 된다. 그것은 글쓰기의 기본이 예수의 비유법이라면, 창조적 성경 묵상법은 설교의 기본이기 때문이다.

설교자에게 묵상은 보물과 같다. 묵상을 하되 설교에 연결이 힘든 묵상법이 아니라 연결이 잘 되는 묵상법으로 해야 한다. 그런 묵상이 보석과 같은 설교를 만들게 한다.

창조적 성경 묵상법은 시대에 적합한 묵상법이다. 동시에 설교자에게 큰 유익이 되는 묵상법이다. 이 묵상법으로 '묵상과 설교' 두 마리 토끼를 잡기를 기대한다.

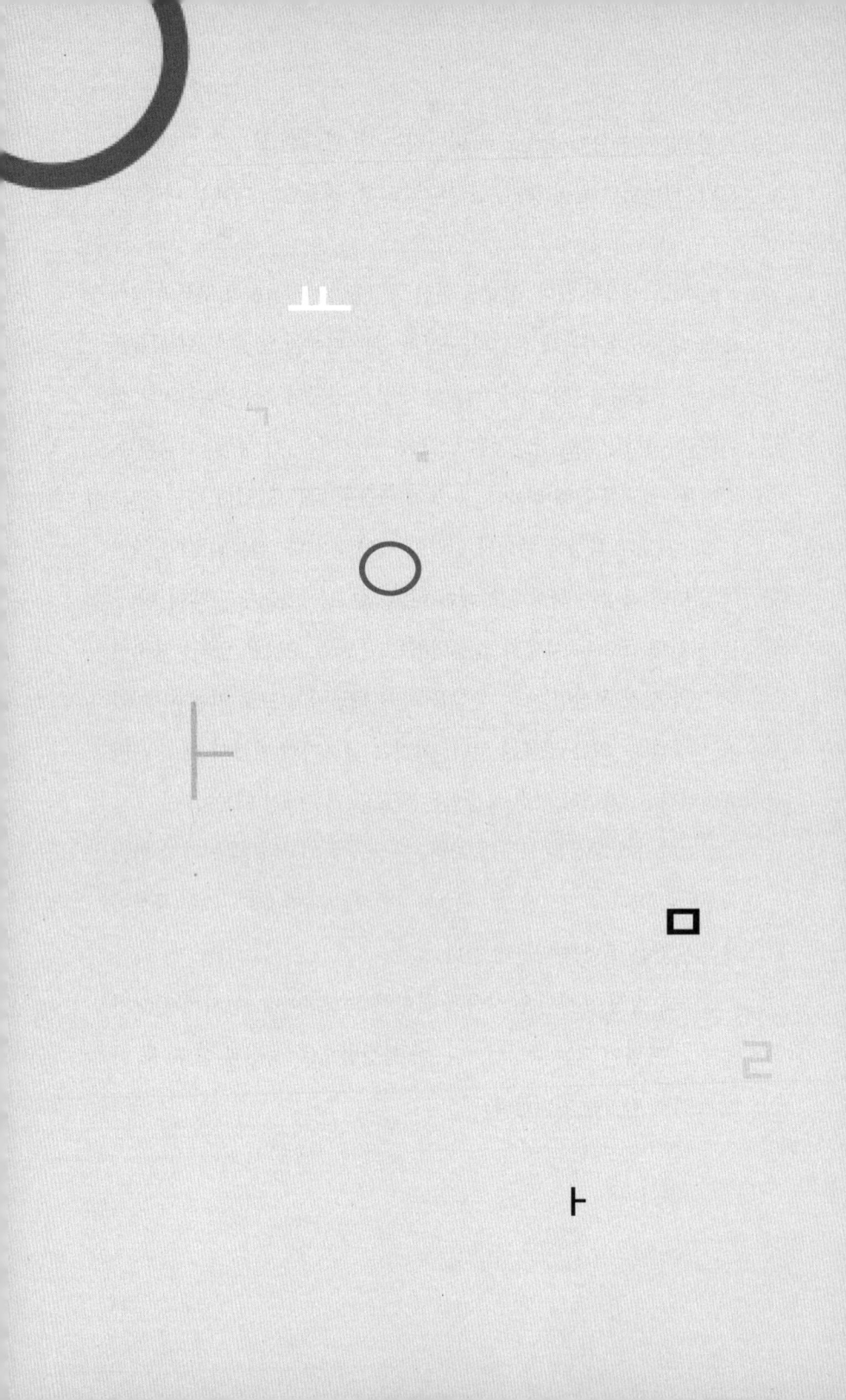

제1장

묵상과 설교는 하나다

1. 묵상과 설교는 둘이 아니라 하나다

　설교와 묵상은 하나다. 묵상을 하는 이유 중 하나는 성경적 설교를 하기 위함이다. 또 다른 하나는 묵상을 근거로 한 설교를 하기 위함이다.

　설교자는 묵상을 해야 한다. 설교자가 묵상을 할 때는 설교를 위한 묵상을 해야 한다. 설교자가 묵상을 하는 이유는 말씀 앞에 머물기 위함이다.

　우리는 말씀 앞에 머물지 않으면 자기 생각 앞에 머물게 된다. 자기 생각 앞에 머무는 순간, 성도로서의 삶이 아니라 자기의 삶을 살게 된다. 그러므로 묵상은 하나님의 백성을 말씀 앞에 머물게 하는 가장 강력한 방법이다.

　말씀 앞에 머물러야 하는 이유는 단순하다. 세상 사람에서 하나님의 사람으로 변화되기 위함이다. 세상에서 가장 변하지 않는 것이 사람이다. 목회자들이 종종 하는 말이 있다. 그렇게 말씀을 많이 듣는데도 성도가 변하지 않는다는 것이다.

　그렇다면 여기서 질문을 해야 한다.

　말씀 앞에 머물면 변화되는가?

　사람은 사람이 변화시킬 수 없다. 부모도 자녀를 변화시키는 데 있어서 한계를 절감한다. 사람의 변화는 오직 하나님의 영, 즉 성령에 의해서만 가능하다.

묵상을 하면 사람이 변화된다. 묵상을 통해 만든 설교는 사람을 변화시킨다. 만약에 청중에게 변화가 일어나지 않는다면 묵상에 문제가 있음이다. 아니면 묵상 없이 설교를 했기 때문이다.

묵상 없이 설교하면 안 된다. 그럼 묵상과 설교가 따로 논다. 둘이 하나가 아니라 둘이 되고 셋이 된다. 그러므로 묵상과 설교가 하나가 되게 하려면 반드시 묵상을 한 뒤 설교를 해야 한다.

📖 묵상의 초점은 하나님과 말씀이다

묵상은 누구나 할 수 없다. 생각하는 것, 명상하는 것은 누구나 할 수 있다. 묵상은 누구나 할 수 없다. 하나님의 사람만이 할 수 있다.

명상은 비우는 것이다. 묵상은 채우는 것이다. 하나님을 채우는 것이다. 그러므로 묵상은 하나님의 사람만이 한다.

이 묵상은 전통이 깊다. 오래전부터 있어 왔다.

그 중에 대표적인 사람들이 사막 교부들이다. 사막 교부들은 묵상의 대가들이었다. 그들은 세상이 아니라 오로지 묵상할 수 있는 사막에 들어가서 묵상을 했다. 하나님과 깊은 묵상을 하는 것이 삶의 전부였다. 그 결과 하나님과 깊은 교제를 통해 영적인 사람으로 살아갔다.

어거스틴도 묵상을 통해 하나님을 만나 회심을 했다. 종교개혁가

들과 그 이후 부흥을 주도한 하나님의 사람들은 한결같이 묵상가였다. 마틴 루터, 존 칼빈, 존 웨슬리, 그리고 조지 휫필드, D. L. 무디 등 하나님의 권능을 드러낸 사람들은 묵상가였다.

예수님도 묵상의 중요성을 아셨다. 그래서 분주한 마르다에게, 동생 마리아는 가장 중요하고 적합한 일을 발견했다며, 그 일은 '주님의 발 앞에 앉아 말씀을 듣는 것'(눅 10:38-42)이라고 하셨다. 결국 하나님의 사람에게 가장 가치 있는 일은 열정이 아니라 묵상이다.

사람들은 열정이 있으면 다 된다고 생각한다. 열정은 사역에 누구나 가져야 할 한 가지 덕목에 불과하다. 열정을 불태우려면 말씀을 묵상해야 한다. 그럼 열정이 내 안으로부터 솟구친다.

성경 말씀은 무엇을 위해 기록됐는가?

하나님을 묵상하기 위함이다. 묵상의 도구는 하나님의 말씀이다. 묵상의 초점도 하나님의 말씀이다. 그러므로 말씀을 대할 때마다 우리가 할 일은 말씀 묵상이다.

📖 말씀 앞에서 자신을 발견해야 한다

종교개혁가 마틴 루터(Martin Luther)가 한 말이 있다.

> 당신이 성경 말씀을 한두 번 읽고, 듣고, 말했을 때 피곤해지거나 충분히 했다고 생각지 말라. 오히려 완전히 이해가 올 때까지 계속하라.

말씀 앞에 오랜 기간 머물러야 하는 이유는 단순하다. 말씀 앞에서 자신을 발견해야 하기 때문이다.

인간은 언제나 질문하며 살아간다.

'어떻게 살 것인가?'

이 질문은 인문학에서 하는 질문이다. 그리고 이는 하나님 앞에 선 성도가 해야 하는 질문이다. 이 질문에 답하기 위해 필요한 것은 자신을 정확히 알기 위함이다.

그리스도인이 세상을 살아가는 이유가 있다.

첫째, 하나님을 알기 위함이다.
둘째, 자신을 알기 위함이다.

그래서 고대 철학자 소크라테스(Socrates)는 파르테논 신전에 쓰인 것처럼 "너 자신을 알라"고 했다. 그리스도인은 하나님을 알고 자신을 알아야 한다. 말씀을 묵상하면 하나님을 알게 된다. 동시에 자신을 알게 된다.

사무엘상 3장에는 어린 사무엘이 하나님의 음성을 듣는 장면이 나온다. 하나님은 어린 사무엘에게 세 번씩이나 말씀하셨다. 이는 사무엘이 깨달을 때까지 말씀하신 것을 의미한다. 결국 사무엘은 다음과 같이 말했다.

말씀하옵소서, 주의 종이 듣겠나이다(삼상 3:10).

이 말씀을 듣고 사무엘은 자신이 누구인가를 발견했다. 그는 하나님의 말씀을 듣겠다고 했기 때문이다. 자신을 발견하지 못한 사람은 절대로 "말씀하옵소서, 주의 종이 듣겠나이다"라는 말을 할 수 없다. 오히려 "내가 하고 싶은 말이 있으니 내 말을 들어달라"고 할 것이다.

그리스도인은 말씀 앞에서 자신을 발견해야 한다. 사무엘처럼 자신을 발견한 사람만이 하나님의 일에 자신을 바칠 수 있기 때문이다.

우리가 묵상을 하는 이유는 명백하다.

첫째, 하나님을 알기 위함이다.
둘째, '내가 누구인가?,' '내가 어떻게 살아야 하는지?,' '내가 하나님께 어떻게 반응을 보여야 하는가?'를 알기 위함이다.

📖 묵상, 어떻게 하는가?

묵상을 이야기할 때마다 예를 드는 것이 있다. 소가 음식을 먹는 방법이다. 소는 음식을 두 번 먹는다. 한 번은 먹을 수 있는 음식을 많이 먹는다. 또 한 번은 되새김질하며 먹는다. 즉, 소들을 풀을 뜯어서 삼키지만, 그것을 다시 뱉어서 여러 차례 씹어 소화시키는 과정을 거친다.

묵상도 마찬가지다. 묵상할 때마다 말씀을 되씹고 되씹는다. 즉, 읽고 또 읽는 과정을 되풀이한다. 묵상자는 묵상할 때마다 묵상할 말씀을 많이 읽어야 한다. 말씀을 100번을 읽는다면 더할 나위 없다. 적어도 20번을 읽어야 한다. 그럴 때 최소한의 되새김질을 할 수 있다. 즉, 말씀을 20번 읽는 것은 본문을 되새김질할 수 있는 최소한의 횟수다.

읽을 때 반드시 병행할 일이 있다. 질문하며 읽기다. 말씀을 읽기만 하는 것은 되새김질이 아니다. 읽기와 질문을 동시에 하는 것이 되새김질이다.

프랜시스 쉐퍼 박사는 말씀에서 특정한 질문에 대한 답변을 찾기 위해서 수년을 보낸 적이 있다고 한다. 말씀 읽기에도 꽤 많은 소요된다. 여기에 질문까지 더해지면 오랜 시간은 필수적이다.

하나님의 말씀이 중요하다면 읽기와 질문하기에 투자하는 시간이 문제 되지 않는다. 하나님을 만나느냐, 만나지 못하느냐가 중요하다. 우리 삶을 변화시킬 수 있는 것이 말씀이므로 오랜 시간 읽고 묵상하는 것은 문제되지 않아야 한다.

📖 묵상과 설교는 하나다

묵상과 설교는 하나다. 마치 부부처럼 한 몸이다. 그 이유는 묵상 없이 설교하면 안 되기 때문이다. 묵상 없는 설교는 그냥 좋은 말이 될 뿐이다.

설교자는 묵상가여야 한다. 그럴 때 하나님께서 원하시는 설교를 만들 수 있다. 필자의 고민은 '왜 묵상과 설교가 전혀 다른가?'였다.

많은 설교자들은 묵상한 것과 설교가 다를 때가 많다. 이는 묵상이 아니라 묵상 방법에 문제가 있기 때문이다.

하지만 설교를 위한 묵상을 하게 되면 묵상과 설교는 다르지 않다. 일란성 쌍둥이와 같게 된다. 그 이유는 묵상과 설교는 둘이 아니라 하나이기 때문이다. 즉, 묵상과 설교는 둘이 아니라 하나다.

설교자는 묵상과 설교가 하나인 것은 묵상과 설교가 연결된다는 의미다. 즉, 설교자는 묵상이 설교로 연결되도록 묵상해야 한다는 의미다.

설교자는 앞에서도 이야기했지만 묵상을 할 때 질문에 신경을 써야 한다. 그 질문이 본문에 갇히는 것이 아니라 본문을 담아내는 질문이어야 한다.

아트설교연구원 회원들은 창조적 묵상의 80% 이상을 설교로 사용한다. 이는 묵상이 설교와 연결되게 하기 때문이다. 아트설교연구원 회원들은 설교 본문을 묵상할 때 아래와 같은 요소들을 묵상한다. 즉, 본문 해석은 물론, 본문 정확히 보기, 저자의 의도 파악, 등장인물의 심리묘사 파악, 그때와 지금 연결하기 등이다.

많은 설교자가 묵상과 설교와 완전히 다른 것에 당황스러워한다. 그 이유는 묵상은 묵상으로 그치고 설교는 묵상과 무관하기 때문이다.

묵상은 묵상으로 끝나고 설교는 다시 만들어야 하는 것이 아니라, 묵상이 설교로 이어지는 묵상이어야 한다. 그럴 때 묵상과 설교는 둘이 아니라 하나가 된다.

2. 묵상은 하나님의 음성 듣기다

그리스도인의 삶은 기본적으로 묵상하는 삶이다. 묵상의 대상은 하나님이시다. 그리스도인의 삶이 묵상하는 삶이 돼야 하는 이유는 묵상하지 않으면 신앙이 흔들리기 때문이다.

묵상은 하나님의 음성 듣기다. 내 뜻 이루기가 아니다. 내 만족을 성취하기 위함도 아니다. 묵상은 하나님께서 내게 무슨 말씀을 하시는가를 듣는 시간이다. 결국 묵상을 통해 하나님을 어떻게 섬기는 것이 잘 섬기는 것인가를 깨닫기 위함이다. 묵상의 사람 켄 가이어(Ken Gire)는 다음과 같이 묵상하는 삶을 정의했다.

묵상하는 삶이란 영원히 의미 있는 것이 심길 수 있도록 마음을 준비하며 살아가는 삶이다.

그리스도인은 묵상하는 삶을 살아야 한다. 묵상하는 삶을 살아야 하는 이유가 있다. 하나님의 음성을 듣기 위함이다. 그리스도인은 하나님의 음성을 들을 때 하나님의 사랑을 알 수 있다. 하나님의 사랑의 힘을 공급받을 수 있다. 그리스도인은 묵상할 때 하나님과 친밀한 대화가 이루어진다. 그럼 하나님과 깊은 우정을 쌓아갈 수 있다.

이것이 묵상하는 삶을 살아야 하는 이유다.

　신앙의 선배들은 하나님의 음성을 어떻게 들었나?

　더 나아가 신앙의 선배들은 어떤 식으로 묵상을 했는가?

　그렇다면 신앙의 선배들은 어떻게 묵상하는 삶을 살았는가?

　그들은 거룩한 독서(*Lectio Divina*, 렉티오 디비나)를 통해서 들었다. 렉티오 디비나는 크게 렉티오(*lectio*), 메디타티오(*meditatio*), 오라티오(*oratio*), 콘템플라티오(*contemplatio*)로 구성되어 있다.

첫째, 렉티오는 '읽는다'는 뜻으로 성경을 그냥 읽는 것을 말한다.
둘째, 메디타티오는 텍스트를 묵상하는 것을 말한다.
셋째, 오라티오는 텍스트를 놓고 기도하는 것을 말한다.
넷째, 콘템플라티오는 텍스트를 사는(to live) 것을 말한다. 흔히 관상(觀想)이라고 한다.

　하나님의 음성을 들으려면 자세가 중요하다.

첫째, 말씀을 읽는 자세가 중요하다.
둘째, 말씀을 듣는 자세가 중요하다.

　말씀을 읽거나 들을 때 중요한 것이 있다. 집중하되 주님께 집중해야 한다. 변증가 루이스(C. S. Lewis)는 묵상할 때 다음과 같이 이야기한다.

그리스도인의 삶에서 실제 문제는 매일 아침 눈을 뜨는 순간 찾아온다. 그날의 모든 소원과 희망이 들짐승과 같이 당신을 향해 돌진해 온다. 그리고 아침마다 제일 먼저 하는 일이 그 모두를 밀어내는 것이다. 다른 음성에 귀 기울이고 다른 관점을 받아들이고 더 거대하고 더 강하고 더 고요한 삶을 받아들이면서 그렇게 온종일 노력한다.

묵상은 '처음의 묵상'에서 '자라나는 묵상'으로, 마지막에는 '무르익은 묵상'으로 나아가야 한다.

처음의 묵상은 우물에서 물을 퍼내서 먼 밭에 나르듯이 힘이 든다. 자신이 하나님을 찾아 여기저기 헤맨다.

'자라나는 묵상'은 마치 수로를 내어 밭에 물을 대는 것과 같다. 때론 하나님을 찾기도 하고 잃기도 하고 숨바꼭질을 한다. 이때의 묵상은 포장도로나 비포장도로를 가리지 않고 걸어간다. 그래서 결국에는 사망의 음침한 골짜기와 영혼의 어두운 밤을 통해 무르익은 기도로 나아간다.

'무르익은 묵상'은 하늘에서 비가 내려온 대지를 적시는 하나님의 은혜를 깨닫게 된다. 묵상이 무르익으면, 자신이 하나님을 찾기 이전에 하나님이 나를 찾고 계셨음을 깨닫게 된다. 내가 하나님을 찾는 것이 아니라 하나님에 의해서 내가 찾아진다. 결국 마음의 눈을 뜨고 길 없는 길인 하나님의 길을 걷는다.

선배들은 묵상하는 이유가 분명했다. 하나님의 길을 걷기 위함이었다. 그것이 그들에게는 최고의 삶이었다. 그리스도인의 삶은 다른 것이 아니라 묵상하는 삶이다. 그 묵상을 통해 하나님의 음성을 들어야 한다. 만약 듣지 못했다면 들을 때까지 하나님 앞에 머물러야 한다.

침묵으로 나아가라

묵상할 때 한 방법이 침묵이다. 침묵이 영성 훈련의 한 방법이기 때문이다. 달라스 윌라드(Dallas Albert Willard)는 영성 훈련 곧 "경건에 이르기를 연습하는 것"은 우리 자신이나 다른 사람들에게 전혀 해를 끼치지 않고 주님의 생명과 능력을 더 많이 받아들일 수 있게 해주는 활동이라고 말한다.

그는 영성 훈련을 두 가지로 나눈다.

첫째, 절제의 훈련이다.
둘째, 참여의 훈련이다.

절제의 훈련은 독거, 침묵, 금식, 검약, 순결, 입의 무거움, 희생이다. 참여의 훈련은 성경 탐구, 예배, 찬양, 봉사, 기도, 친교, 죄의 고백, 복종이다.

달라스 윌라드는 참여의 훈련 중 첫 번째를 침묵의 훈련이라고 한다. 요즘같이 복잡하고 살기 힘든 때 가장 필요한 훈련이 침묵의 훈련이다. 언제나 분주함은 침묵을 방해한다. 그뿐 아니라 하나님을 생각할 수 없는 사람으로 만든다.

그리스도인은 시간이 있으면 침묵 훈련으로 하나님의 사람이 되어 가도록 해야 한다. 이 침묵 훈련은 말을 하지 않는 시간이 아니다. 하나님을 사랑한다고 하는 깊은 고백을 하는 시간이다.

침묵은 그 자체가 기도다. 기도이되 깊은 기도다. 깊이 기도함으로 하나님의 사랑을 깊이 느끼게 된다. 결국 깊은 기도의 시간은 하나님의 사랑을 발견하는 시간이 된다.

침묵으로 대표적인 분은 다름 아닌 예수님이시다. 예수님은 이른 새벽에, 늦은 밤에 홀로 하나님께 나아갔다. 제자들에게는 골방에 들어가 기도하라고 하셨다. 침묵으로 기도하기에 가장 좋은 시간과 장소를 아셨기 때문이다.

초대교회가 낳은 위대한 기독교 사상가인 성 어거스틴(St. Augustine)은 이렇게 말했다.

> 침묵 기도란 하나님의 말씀을 듣는 마음이며, 하나님과 대화하는 마음이고, 하나님의 뜻을 묵상하는 마음이다.

그러므로 그리스도인은 침묵의 시간을 통해 하나님의 뜻을 생각하고, 자신이 세상에서 할 일이 무엇인가에 대한 정체성을 회복하는 시간으로 가져야 한다.

📖 묵상이 삶에 머물러야 한다

묵상이 삶에 머물려면 묵상이 시작되면서 자신이 발가벗겨질 필요가 있다. 발가벗겨지지 않으면 묵상이 삶에 스며들 수 없다. 스스로 두꺼운 막을 치기 때문이다. 스스로 말씀 안에서 발가벗겨질 때 하나님을 만나는 데 방해가 되는 요소를 제거할 수 있다.

묵상이 삶에 머물려면 삶에 적용돼야 한다.

어떻게 적용돼야 하는가?

첫째, 하나님을 더욱 친밀한 관계가 되도록 해야 한다.
둘째, 하나님께 더욱 철저히 순종하는 시간이 돼야 한다.
셋째, 삶에서 일어나는 문제들을 해결할 힘을 공급받아야 한다.

묵상의 목적은 하나님의 음성을 듣는 것이다. 그렇다면 묵상이 여기서 그쳐서는 안 된다. 묵상의 목표가 있어야 한다. 분명 묵상은 삶으로 드러나야 한다. 삶으로 드러나는 것은 하나님을 위한 삶을 살아내는 것이다.

3. 묵상은 간절함의 양념치기다

설교자는 묵상해야 한다. 묵상을 하되 자주 해야 한다. 묵상을 자주 하면 묵상을 하는 방법을 나름대로 터득할 수 있다.

어제 한 묵상 오늘도 해야 한다. 오늘 한 묵상 내일도 반드시 해야 한다. 즉, 묵상에 집중해야 한다. 오랫동안 반복해야 한다. 그럼 평생을 지속적으로 묵상하는 삶을 살 수 있다.

묵상이 묵상다워지려면 간절함이 필수다. 필자는 독서를 할 때나 묵상을 할 때 간절한 마음을 담으려고 몸부림친다. 간절함을 담아서 할 때 묵상에서 그치지 않고 하나님의 큰 사랑을 경험하게 된다. 그럼 오늘 한 묵상에 그치지 않고 내일 할 묵상이 기다려진다.

묵상할 때 가장 필요한 마음은 간절함이다. 간절함은 묵상이 묵상되게 하는 지름길이기 때문이다.

📖 묵상하는 자의 자세

제가 회원들에게 가장 강조하는 것이 있다. '태도'다. 태도에 따라 삶이 결정되기 때문이다. 묵상할 때도 마찬가지다. 묵상도 태도에 따라 묵상의 깊이와 넓이기 결정된다. 마찬가지로 교회에서도 직분보다 중요한 것이 그 사람이 어떤 태도를 가졌느냐다.

옛날에 내적치유를 배울 때 자주 들었던 말이 있다. 내적치유를 배우면 내면에 치유가 일어나는 것이 아니라, 그 과정을 마쳤다는 별을 하나씩 달게 된다는 것이다. 즉, 변화된 사람이 되는 것이 아니라 군림할 수 있는 사람이 된다는 것이다.

묵상하는 자는 변화를 위한 목표를 분명히 하는 태도를 가져야 한다. 그렇지 않으면 묵상을 했다는 별만 달게 된다. 어떤 것이든 변화를 목표로 한다. 그 이유는 변화가 일어나지 않으면 변질되기 때문이다. 변질된 사람이 아니라 변화된 사람이 되기 위해 묵상한다.

묵상하는 자세는 아래와 같아야 한다.

첫째, 묵상을 통해 하나님께서 하실 말씀을 듣겠다는 굳은 결심이다.

종종 하는 말이 있다.

"결심은 결심으로 끝난다."

이는 결심이 삶으로 연결되지 않는다는 말이다. 그럼 묵상은 힘이 아니라 사라지는 글자일 뿐이다. 글자는 글자로 끝나는 것이 아니라 삶과 연결돼야 한다. 그러므로 결심이란 단어로 남지 않도록, 말이 아닌 삶이 되도록 묵상해야 한다.

둘째, 하나님의 말씀을 받아들일 수 있는 마음이 있어야 한다.

이것은 다른 말로 열린 마음을 가지는 것이다. 그럼 반대로 닫힌 마음도 있냐고 할 것이다. 자기 생각으로 묵상을 하는 것은 닫힌 마음을 가진 것이다. 열린 마음은 하나님의 말씀이 어떻게 말씀하시든 받아들일 수 있는 자세를 의미한다. 결국 듣겠다는 자세가 묵상의 결과를 결정한다.

셋째, 묵상의 초점이 묵상하는 시간이나 자신이 아니라 하나님이어야 한다.

묵상할 때 주위 여건이 중요하다고 말한다. 주위 여건도 매우 중요하다. 그보다 중요한 것이 있다. 하나님이시다. 묵상하는 장소를 잘 선택해야 한다. 시간은 조용한 새벽 시간이다. 장소는 혼자만 있을 수 있는 장소다. 하지만 시간과 장소보다 묵상의 초점이 하나님인가가 중요하다.

넷째, 하루가 묵상한 말씀으로 살아질 때까지 묵상해야 한다.
사람은 자신이 먹은 것으로 살아간다. 종종 듣는 말이 있다.
"식사를 잘 해야겠어요."
"영양가 있는 식사를 하세요."
왜 이와 같이 말하는가?
잘 먹어야 건강할 수 있기 때문이다.
묵상도 말씀을 먹은 것에서 그치면 안 된다. 말씀을 살아낼 수 있어야 한다. 살아내지 못하면 묵상이 자기 어깨의 계급장 하나 붙이는 것에 불과해진다. 말씀의 능력으로 인해 말씀을 살아낼 때까지 묵상해야 한다.

📖 묵상은 묵상의 도구를 활용해야 한다

땅을 기경할 때는 도구가 있어야 한다. 누군가 그런 말을 한 적이 있다.

"포클레인 한 삽이 사람 100명 한 일과 맞먹는다."

그렇다. 도구가 있고 없고가 효율성에서 큰 차이가 난다. 묵상할 때도 묵상 도구를 활용해야 한다. 묵상의 도구는 세 가지다.

첫째, 묵상할 때 가장 중요한 도구는 손이다.

말씀을 손으로 써야 한다. 사람은 자신이 쓴 것에 대해 책임지려 한다. 아내들이 남편이 잘못을 했을 때 서약서를 쓰게 한다. 그럼 대다수 남편들은 그 서약서를 지키려 한다.

서약서를 쓴다고 다 지키지는 않지만 그래도 최소한은 지키기 위해 노력한다. 아내들은 남편이 서약서 쓴 대로 살지 않을 때, 서약서를 내밀면서 약속을 지킬 것을 촉구할 수 있다. 어떤 일이든 근거가 없으면 효력이 없다. 하지만 근거를 들이대면 압박할 수 있다.

묵상에서 효과를 보려면 써야 한다. 그 이유는 묵상의 최적의 방법은 손으로부터 흘러나오기 때문이다.

둘째, 질문하는 것이다.

삶이란 '질문으로 시작해서 질문으로 마친다.' 마찬가지로 묵상도 질문으로 시작해서 질문으로 마친다. 그만큼 질문이 중요하다. 질문하지 않으면 깊이와 넓이가 있는 묵상이 불가능하다. 묵상의 깊이는 질문과 비례한다. 또한 질문은 묵상의 결과를 결정한다.

셋째, 머리를 써야 한다.

2011년 '싱커스(Thinkers) 50'이라는 세계에서 가장 영향력 있는 50인의 비즈니스 사상가 중 하나로 선정된 미래학자 다니엘 핑크(Daniel Pink)는 그의 책 『파는 것이 인간이다』에서 공감에서 중요한 것이 마음이라고 한다. 마음의 이란성 쌍둥이가 바로 머리라고 말한다.

연구에 따르면 "마음속을 들여다보는 것보다 머릿속을 들여다보는 것이 더 도움이 된다"고 한다. 이는 묵상도 마찬가지다. 머릿속을 들여다봐야 한다. 그 다음 머릿속에 머무는 말씀을 가슴으로 끌어당겨야 한다.

📖 묵상에서 최고의 방법은 순종함이다

묵상하는 데 필요한 3D가 있다.

첫째, Desire(소원), 즉 묵상하고 싶은 바람이 있어야 한다.

둘째, Determination(결심), 즉 묵상하는 사람이 되기를 결심해야 한다.

셋째, Discipline(훈련), 즉 내 몸을 쳐서 복종케 해야 한다. 기분이 나지 않아도, 일어나기 싫어도 일어나야 한다.

이 세 가지를 통해서 드러나야 할 것은 순종이다. 그리스도인이 세상을 살아가는 데 가장 먼저 갖출 것이 성실성이다. 아무리 성실해도 하나님의 말씀에 순종하지 않으면 소용없다. 아브라함이 믿음의 조상이 될 수 있었던 것은 믿음으로 순종했기 때문이다.

그리스도인은 진리의 말씀을 성실함으로 묵상해야 한다. 성실하게 묵상했으면 순종함으로 그 말씀을 삶에서 이루려고 해야 한다.

진리를 드러내는 최고의 방법은 순종이다. 순종은 말씀을 스치게 하지 않는다. 말씀을 마주치게 한다. 말씀으로 하나님의 사랑과 만나게 한다. 하나님의 뜻과 마주치게 한다.

만남 혹은 마주침이 없는 묵상은 진정한 묵상이 아니다. "옷깃만 스쳐도 인연"이라는 말은 잘못된 말이다. 스침이 아니라 마주침으로 마무리되는 순종이 뒤따라야 한다. 결국 묵상이 하나님과 마주침을 갖도록 하기 위해서는 순종이 절대적으로 필요하다.

4. 이렇게 묵상하라

예레미야서에 보면 아래와 같은 말씀이 나온다.

> 너희가 온 마음으로 나를 구하면 나를 찾을 것이요 나를 만나리라 (렘 29:13).

하나님이 어떤 분인가를 알았던 솔로몬은 하나님께 세상 것이 아니라 하나님의 것을 구했다.

그럼 솔로몬이 구한 것이 무엇인가?

지혜다.

그럼 지혜란 무엇인가?

보통 살아가는 방법을 아는 것을 말한다.

성경적인 지혜는 "듣는 마음"이다. 하나님의 말씀을 듣는 열린 마음이다.

우리는 하나님의 지혜를 구한다. 필자도 학생 때 하나님의 지혜를 엄청 구했다. 솔로몬도 딱 한 가지를 구했다. 하나님의 지혜다. 이 지혜는 세상에서 나오지 않는다. 하나님의 말씀에서 나온다.

솔로몬은 하나님의 지혜인 듣는 마음을 구했다. 솔로몬은 하나님과 사람들의 말을 듣는 마음이 있었다. 그러자 나라가 태평성대였다. 하지만 듣는 마음이 닫히자 결국 나라가 둘로 나뉘게 되는 단초를 제공했다.

묵상은 하나님께로부터 음성을 듣기 위해서 하는 것이다.

그럼 음성을 들으려면 어떻게 해야 하는가?

📖 묵상, 이렇게 하라

21세기는 창의성의 시대이다. 그리고 통합의 시대, 융합의 시대이다. 융합의 시대를 살아가려면 세 가지를 갖추어야 한다.

첫째, 질문의 힘을 갖고 있어야 한다.
둘째, 자연 만물을 통해 생각을 많이 할 수 있어야 한다.
셋째, 말씀을 깊이 있게 묵상할 수 있어야 한다.

창의성의 시대를 살아가려면 한 가지 생각으로 꽉 차 있어야 한다. 누군가 이런 말을 했다.

"한 가지를 10년 이상 한 사람은 인생을 멋있게 살아간다."

한 가지에 승부를 가는 사람은 인생을 멋지게 살 수 있다.

고수와 하수가 있다. 고수와 하수의 차이는 큰 것이 아니다. 아주 작은 것이다. 고수는 머릿속에 한 가지 생각으로 가득 차 있다. 하수는 머릿속에 만 가지 생각으로 가득 차 있다.

묵상할 바에는 고수처럼 해야 한다. 고수처럼 묵상하려면 아래와 같이 묵상해야 한다.

(1) 하루 하나만 묵상하라

묵상은 하루에 하나만 하면 된다. 다 묵상하려고 하지 말라. 하루에 말씀 하나 붙잡고 내 삶의 양식으로 만들면 된다.

그리스도인으로서 당신은 지혜자인가?

지혜자는 하나님 말씀과 늘 가까이 한다. 지금 당신이 말씀과 가까이하고 있는지 자문해 봐야 한다. 말씀과 가까이하고 있다면 지혜자다. 잘 듣는 것으로 그치면 안 된다. 하루에 하나라도 제대로 묵상해야 한다.

(2) 깊이 묵상하라

묵상을 하되 깊이 있게 묵상해야 한다. 깊이 있게 묵상한다는 것은 말씀이 나를 통과하는 묵상을 하는 것이다. 깊은 묵상은 말씀에 몰입하는 것이다. 아니 말씀에 미친 것이다. 말씀에 미친 사람은 말씀 묵상에 목숨을 걸 정도다.

그리스도인은 묵상가다. 묵상가는 삶의 답을 묵상을 통해 찾는다. 하루의 일과를 묵상을 중심에 둔다. 묵상가는 말씀을 묵상함으로 영성이 자란다. 묵상을 통해 영성가가 된다. 마지막으로 묵상을 통해 예수님의 향기를 풍겨야 한다.

(3) 음성을 들을 때까지 묵상하라(하나님을 만나지 않으면 묵상이 아니다)

통할 때까지 묵상하라. 서양의학과 동양의학의 차이가 있다. 서양의학은 환부를 도려낸다. 동양의학은 혈과 혈을 통하게 한다. 묵상은 묵상자가 하나님과 및 세상과 통하는 것이다.

통하기 위해 할 것이 생각하기다. 그래서 관중(기원전 645, 제나라의 재상)은 "생각하고 생각하고 또 생각하라"고 했다. 다섯 수레의 책을 줄줄 외우고도 그 의미 전혀 모르는 사람이 있다.

왜 그런가?

사색하지 않기 때문이다. 사색이 빠진 독서는 헛것이요 가짜이다. 사색하되 말씀과 말씀이 통할 때까지 묵상해야 한다. 그럴 때 하나님께서 말씀하시기 때문이다.

(4) 주야로 묵상하라

책도 많이 읽어야 많은 질문이 나온다. 묵상도 주야로 묵상해야 진정한 묵상이 된다. 우리는 독서법을 통해 묵상법을 배울 수 있다.

세종대왕은 백독백습, 즉 100번 읽고 100번 필사했다.

그는 경연[1]을 가장 많이 한 임금이기도 하다. 세종대왕은 경연을 1,898번이나 열었다. 그 외 태조가 23번, 태종이 80번밖에 열지 않았다.

---

[1] 경연(經筵)은 고려 · 조선 시대에, 임금이 학문이나 기술을 강론 · 연마하고 더불어 신하들과 국정을 협의하던 일이다.

독서도 주야로 해야 한다.

그리스도인은 묵상을 이보다 더 해야 하지 않을까?

세종대왕은 불쌍한 백성들이 조금 더 잘 살 수 있는 방법이 독서라 생각해 목숨을 버릴 각오로 독서했다. 세종대왕은 조상들을 위해, 부모를 위해, 후손을 위해 여기서 일하다가 죽고자 했다.

조선시대 학자 송시열은 「호연지기」를 500번 읽었다. 병전(兵典)을 1,000번 읽었다. 공자는 주역의 이치를 깨닫기 위해 얼마나 반복해서 읽었는지 죽간을 묶는 가죽 끈이 세 번이나 떨어졌다고 한다.

그렇다면 그리스도인은 세상 사람보다 더 많이 읽어야 한다. 즉, 주야로 묵상해야 한다. 우리가 말씀을 주야로 묵상하면 잠결에도 묵상을 한다.

마치 개가 주인에게 배를 보여주면서 아양을 떨듯이 그리스도인은 묵상을 하나님께 아양을 떨 정도로 해야 한다. 묵상은 다른 것이 아니라 예수님께 애교 피우는 것이기 때문이다. 하나님께 예뻐 보이기 위해 애교 부리는 것이 말씀 묵상이다.

(5) 예수님을 닮을 때까지 한다

우리가 묵상하는 목표가 분명해야 한다. 묵상의 목표는 예수님을 닮은 것이다. 예수님을 닮으려면 예수님을 내 안에 꽉 채워야 한다. 예수님을 내 안에 꽉 채우면 저절로 닮아진다.

묵상은 비우는 것이 아니다. 그렇다고 내 욕심을 채우는 것이 아니다. 하나님을 채우는 것이다. 특히 예수님의 인격을 채우는 것이다.

(6) 묵상하면 복 있는 사람이 되어 있다

시편 1편을 보라. "복 있는 사람"이라고 한다. 하지만 우리는 복 받는 사람 되려고 한다. 묵상도 복 받기 위해서 한다. 묵상의 목적은 복 받는 사람이 아니라 복 있는 사람이 되는 것이다. 하나님께서도 복 있는 사람이 되라고 하신다. 복 있는 자가 되면 복 받는 자는 저절로 된다. 그리고 세상에서 복의 통로가 된다.

그리스도인에게는 묵상이 선택이 아니다. 의무이자 책임이다. 묵상을 함으로 사람이 만들고자 하는 세상이 아니라 하나님께서 원하시는 세상을 만드는 데 일조할 수 있다. 설교자는 묵상가다. 묵상가는 묵상을 통해 살아간다. 묵상이 세상에 답을 주기 때문이다.

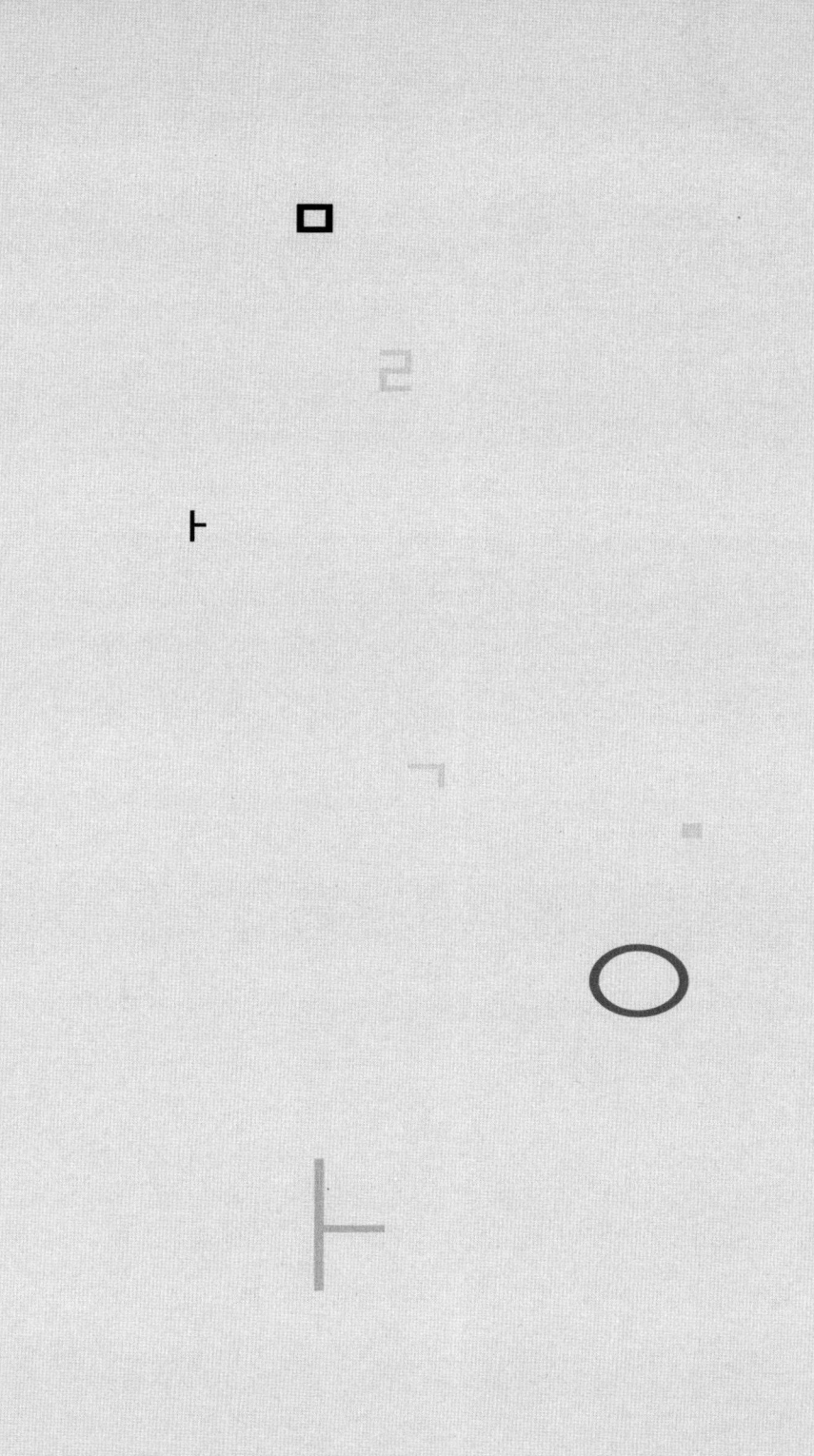

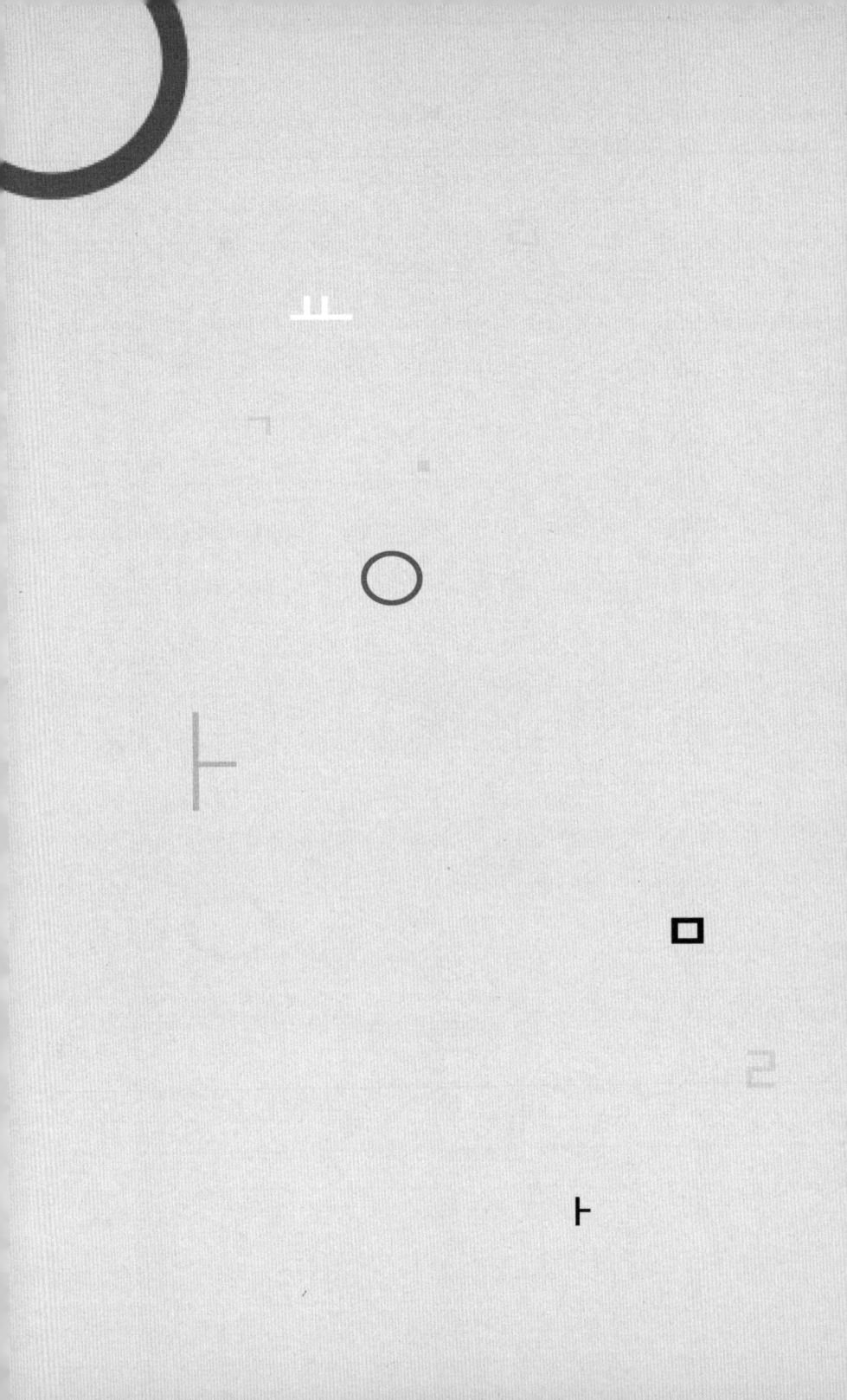

제2장

질문, 묵상을 힘있케 한다

1. 묵상은 "질문"으로 시작해 "질문"으로 끝난다

📖 질문은 11번째 계명이다

묵상은 성경을 해석하는 것이 아니라 하나님의 말씀을 묵상하는 것이다. 묵상하는 사람이 반드시 갖춰야 할 것이 있다. 묵상할 본문에 질문하는 것이다. 질문하되 갇힌 질문이 아니라 열린 질문을 해야 한다.

묵상이라고 하면 앞에서 말한 것처럼 되새김질도 한 가지 방법이다. 묵상의 또 다른 중요한 방법이 있다. 생각으로만 하지 않고 질문으로 하는 것이다. 어찌 보면 질문하기가 되새김질하는 방법보다 더 깊고 넓게 묵상할 수 있기 때문이다.

설교자들은 설교에 앞서 묵상을 할 때 질문을 사용할 수 있어야 한다. 묵상은 십계명에서 '11번째 계명'이기 때문이다.

재미있는 이야기가 있다. 그 이야기의 핵심은 질문이 십계명 다음에 들어간다는 것이다. 모세가 시내산에서 받은 계명은 10가지 계명인 십계명이다. 하지만 여기에 하나 더 보탠다면 다른 것이 아니라 '질문하라'이다.

이 우화의 시발점은 하나님께서 태초에 모세에게 주신 계명이 11

계명이었다는 것에서 시작된다. 우화의 내용은 아래와 같다.

하나님께서 모세에게 11번째 계명을 주셨다. 하나님께서 모세에게 전달할 예정이었는데 시간이 늦어 서두르다가 서판 하나를 떨어뜨렸다. 그때 서판은 산산조각이 났다. 그래서 하나님께서 모세에게 나머지 계명만 주었다. 이 10계명에 대해 모세는 만족했다.

그러나 모세는 하나님께서 어떤 계명이 빠졌는지 궁금해서 부서진 서판 조각을 주워서 맞추어 보았다. 그랬더니 그 서판에 쓰여 있던 글이 다음과 같았다.

"질문하라. 그리고 거기에 답하라."

이것이 11번째 계명이다. 즉, 11번째 계명은 '질문하라'는 계명이다. 이는 질문의 중요성을 우화적으로 이야기한 것이다.

우화이긴 하지만 질문은 십계명 바로 다음에 들어갈 정도로 중요하다는 것을 가르쳐 준다.

우리는 기억해야 한다. 소중함과 중요함은 다르다. 소중한 것은 중요해질 수 있다. 하지만 중요한 것이 반드시 소중한 것은 아니다.

삶은 소중한 것을 선택해서 사는 것이 아니다. 중요한 것을 선택함으로 사는 것이다.

11번째 계명인 '질문하라'는 소중하다. '질문하라'는 11번째 계명이 중요하다면, 이 11번째 계명을 소중하게 활용해야 한다. 더 나아가 설교자는 '질문' 묵상을 활용해 설교를 하고자 해야 한다.

📖 묵상하는 사람은 질문가다

그리스도인은 묵상가여야 한다. 동시에 질문가여야 한다. 묵상을 질문으로 하는 질문자가 돼야 한다는 뜻이다. 왜냐하면 질문은 문제를 풀어내는 열쇠일 뿐만 아니라 생각을 하게 하는 통로이기 때문이다.

질문은 의문으로 끝나지 않는다. 질문은 위대한 결과로 끝난다. 그래서 위대한 사람은 남다른 사람이 아니라 질문하는 사람이다. 질문이 위대한 결과를 만들어 내는 것은, 질문은 갇힌 생각이 날개를 활짝 펼 수 있게 만드는 마법과 같기 때문이다.

질문은 우물 안 개구리처럼 갇힌 생각을 우물 밖으로 끌어내게 한다. 우리가 질문을 사용하면 '남과 다르게' 그리고 '남보다 더 깊게' 성경을 보는 안목을 갖게 된다.

신학이란 무엇인가?

'하나님이 누구신가?'를 묻고 하나님이 누구신지를 아는 것이다. 즉, 신학은 '질문으로 시작해서 질문으로 끝나는' 학문이다. 이는 신학은 '하나님이 누구신가?'의 질문에 대한 답변이기 때문이다.

인문학이란 무엇인가?

'우리가 어떻게 살 것인가?'를 묻는 것이다. '어떻게 사는가'는 '하나님이 누구신가'로부터 출발해야 한다. 그렇지 않으면 철학 없는 삶, 가치 없는 삶을 살게 된다.

예수님의 공생애는 질문으로 시작해 질문으로 마치셨다. 항상 시작을 질문으로 하셨다. 그것은 질문이 있으면 답이 있고, 질문이 없으면 답도 없음을 아셨기 때문이다. 질문이 중요한 것은, 답이 있으면 질문이 있고, 답이 없으면 질문도 없기 때문이다.

📖 질문가가 돼라

탈무드는 "훌륭한 물음은 훌륭한 답을 끌어낸다"라고 말한다. 즉, 질문은 해답과 마찬가지의 힘을 갖고 있다는 뜻이다. 질문은 답만 찾도록 하는 것에 그치지 않는다. 질문은 사람을 키우는 힘까지 갖추고 있다.

이어령 교수는 그의 책 『지성에서 영성으로』에서 질문의 힘에 대해서 아래와 같이 이야기한다.

"의문은 지성을 낳지만, 믿음은 영성을 낳는다. 끊임없는 의문 속에서 지성이 커진다."

질문이 지성을 키우고 영성을 키운다는 의미다.

세계적인 리더십 교육 기관 CCL에서 119명의 성공한 글로벌기업의 사장들을 대상으로 설문조사를 했다.

"성공하는 리더의 필수 덕목이 뭐라고 생각하십니까?"

무엇이 1위를 했을까?

방향 설정?

비전 전파?

전략적 사고방식?

변화하는 시대에 맞는 변화?

모두 아니다.

1위는 바로 '질문하는 능력'이었다. '질문하는 분위기를 만드는 리더'는 4위, '질문할 기회를 놓치지 않는 리더'는 6위에 올랐다. 이처럼 리더십은 곧 질문하는 능력이라고 할 수 있다.

질문은 답만 찾는 데 있지 않다. 질문은 인생을 성공적인 인생으로 만든다. 세상에서 성공한 사람들은 질문이 습관화된 사람들이다. 2002년부터 2013년까지 뉴욕 시장을 역임했던 마이클 블룸버그(Michael Bloomberg)는 질문이 성공과 깊은 관계가 있다고 말한다.

> 질문하기를 주저하지 않는 사람은 반드시 더 많이 일하게 되며, 질문하기는 지식과 훌륭한 판단력과 분명히 서로 깊은 관련이 있다. 또한 정보를 소유한 사람들과 성공하는 사람들 사이에도 깊은 관계가 있다.

질문은 성공하는 사람으로 만들어 낸다. 마찬가지로 하나님을 만나는 묵상을 하고 싶거나 청중과 소통되는 설교를 하고 싶다면 질문가가 돼야 한다. 질문은 자신의 고민에 대해서 묻는 것이 아니다. 하나님의 뜻과 말씀의 광맥을 캐기 위해 한다. 그리고 하나님의 자녀로서 어떻게 살 것인가에 대한 답을 찾기 위해 한다. 설교자가 질문해야 하는 이유는 말씀으로 하는 질문가는 결국 위대한 묵상가를 만들어 주기 때문이다.

2. 질문이 세상을 끌고 간다

📖 **세상은 질문으로 이루어졌다**

우리나라 언론이 어떤 곳인가를 보여주는 것이 있다. 바로 '관훈 토론회'다. 관훈 토론회는 한국의 지도자들을 모셔놓고 그의 생각, 정치관, 경제관 등을 국민에게 전달해 준다.

관훈 토론회의 특징은 질문과 답변이다. 대통령 후보자를 대상으로 할 때도 심도 있는 질문을 던진다. 송곳과 같은 질문으로 후보자의 사상, 정치관, 안보관, 통치관 등을 끄집어낸다.

질문의 질은 세상의 질과 맞닿아 있다. 질문의 깊이만큼 세상이 구성되어 있기 때문이다.

고대로부터 현대에 이르기까지 질문은 빠진 적이 없다. 고대 사유법을 제시한 사람 데카르트는 논리적 사고의 사유법을 제시했다. 그것은 논리적 사고를 해야 세상을 가꿀 수 있다고 믿었기 때문이다.

데카르트가 제시한 사유법은 무엇인가?

첫째, 모든 것에 의문을 가지라.

생각을 잘 하려면 의식할 수 없을 때까지, 명확할 때까지, 계속 의문을 제기하고 질문하고 회의해야 한다.

둘째, 어떤 것을 알고 싶거든 쪼개라.

부분으로 해석하라. 가능한 작은 부분으로 나누고 해체하라. 어떤 것을 구성하고 있는 요소, 전체를 이루고 있는 정체가 드러나도록 쪼개라.

셋째, 작은 것에서 큰 것으로, 부분에서 전체로, 단순한 것에서 복잡한 것으로 나아가라. 즉, 종합화의 규칙이다.

넷째, 순서가 없는 것들에 대해 순서를 매기라.

분류하여 열을 세우고 하나하나를 나열하고 정리하라고 했다.[1]

미국 스탠포드대학원 경영대학원 교수인 짐 콜린스(Jim Collins)는 자신을 포함해 21명의 연구원으로 구성된 경영 연구원을 만들어 「포춘」(Fortune)지 선정 500대 기업 1435개 기업을 5년간 심층 분석했다. 그중 11개 기업만이 전체 주식시장의 세 배 이상의 수익을 지속적으로 유지하였음을 알 수 있었다.

짐 콜린스는 11개 기업의 성장 비결을 좋은 『기업을 넘어 위대한 기업으로』라는 책에 담아냈다. 그는 이 기업들을 변화시킨 요인이 '소크라테스식 질문법'에 있다고 했는데, 그들은 '왜?'라는 질문으로 시작했다. 피터 드러커, 잭 웰치, 스티브 잡스는 '소크라테스식 질문법'을 경영에 적용해 세계적인 경영인이 됐다.

그들은 두 가지로 질문을 한다.

---

[1] 차오름, 『생각의 영토를 확장하라』.

첫째, "만약 당신이 그 사업을 하고 있지 않다면, 지금이라도 뛰어들 것인가?"

둘째, "그 사업을 어떻게 할 것인가?"

그들은 이 두 가지 질문으로 미국 경영의 역사를 새로 썼다.

질문의 목적은 상대방이 안다고 한 것이 착각에 불과하며, 사실 자신이 '안다'고 할 수 있는 것은 아무것도 없다는 것을 인정하고 고백할 때까지 계속하여 상대방을 진정한 앎의 세계로 이끄는 것이다.

질문이 세상을 이끌었다. 하나님이 그리스도인을 이끄는 방법도 동일하다. 그러므로 위대한 질문을 할 수 있는 그리스도인이 돼야 한다.

호기심이 질문하는 사람으로 만든다

질문하는 사람의 특징이 있다. 관심, 즉 호기심이 있기 때문이다. 호기심 있는 사람은 질문한다. 아침에 일어나면 호기심이 작동한다. 하루가 어떻게 전개될지에 대한 호기심이 있기 때문이다. 호기심이 있다면, 아침에 일어나자마자 질문해야 한다.

'오늘은 과연 어떤 일들이 벌어질까?'

'과연 오늘 행복한 하루가 될 수 있을까?'

'내게 닥친 문제에 누가 도움을 줄 것인가?'

위와 같이 사람들은 누구나 질문한다. 그렇다고 모두 질문하지 않는다. 질문하는 사람은 자기 인생에 깊은 고민을 가진 사람이다. 또한 삶에 호기심을 가진 사람이다. 질문하기 위해 필수적인 것이 호기심이기 때문이다.

사람은 언제 호기심을 갖는가?

어릴 때다. 그 결과 어릴 적에 가장 많이 성장한다. 어릴 적에는 세상에서 처음 만나는 것들마다 '호기심 천국'이다. 어린아이는 스스로 해결할 수 없기 때문에 어른들에게 질문한다. 어릴 적에는 보는 것마다, 이상한 것마다, 궁금한 것마다 스스럼없이 질문하는 것이 당연하다.

어른이 되는 순간 호기심이 사라진다. 호기심이 사라지는 이유는 조금 더 아는 것도 있지만 알지 못한다는 창피함 때문이다.

공부하면 호기심을 갖는다. "알아야 질문한다"라는 말이 있다. 알면 알수록 질문이 만들어진다. 결국 공부는 물음표를 갖게 해준다. 즉, 공부는 호기심의 물음표를 던져 감동의 느낌표를 찾는 과정이기 때문이다.

지식의 공백이 커도 호기심을 갖게 된다. 이는 지식의 공백을 메꾸고 싶은 마음이 강하기 때문이다.

설교자도 호기심을 갖고 살아가야 한다. 성경을 읽을 때도, 사물을 볼 때도, 하다못해 설거지를 할 때도 호기심으로 충전되어 있어야 한다. 그럴 때 설교자는 반드시 갖추어야 할 질문하는 사람으로 살아갈 수 있다.

📖 교육이 질문을 장려하지 못하고 파괴시킨다

교육이란 많이 가르치는 것이 아니라 호기심 키우기다. 하지만 우리나라 교육은 이와 반대다. 호기심 살리기가 아니라 호기심 죽이기 교육을 한다. 그 결과 아이들이 나이가 점점 들어가면서 질문이 사라진다. 이는 질문이 사라진 것이 아니라 호기심이 사라진 것이다.

정선주는 그녀의 책 『학력 파괴자들』에서 학교 교육의 문제점을 '호기심 파괴'라고 꼬집었다. 초등학생 아이들이 학교에 들어가기 전과 졸업 후가 확연히 달라진다는 것이다. 그녀는 말했다.

"학교를 들어갈 때는 질문으로 들어갔다가 학교를 나올 때는 느낌표로 나온다."

이는 한국 교육이 호기심을 발휘하지 못하게 하는 암기 위주 교육의 슬픈 자화상이다.

우리가 잘 알다시피 유대인 교육의 강점은 '질문 교육'이다. 유태인 부모는 학교 다녀온 아이에게 "오늘 학습에서 무슨 질문을 했나"라고 묻는다. 반대로 한국인 부모는 "오늘 학교에서 뭘 배웠니?"라고 묻는다.

이 작은 차이가 실력의 차이를 만들고 창의성의 차이를 만들었다. 마지막으로 민족성의 차이를 만들었다. 그 결과 유대인 학문적 업적은 그들이 노벨상의 20%나 차지하는 탁월함으로 나타났다. 하지만 아직까지 우리나라는 학문적인 노벨상을 수상한 적이 없다.

세계적인 자동차 회사인 일본의 도요타 자동차는 문제를 해결하기 전에 5번 '왜?'라고 질문하도록 한다. 이 질문을 통해 문제를 해결한 결과 세계 최고의 자동차 회사가 될 수 있었다.

세계적인 미래학자 다니엘 핑크(Daniel Pink)는 '상대를 어떻게 사로잡을 것인가?'를 질문하면서 여섯 가지 피치를 이야기한다. 여기서 '피치'(Pitch)는 설득력 있게 요점만 전달하는 능력이다.

그는 그 여섯 가지 피치 중 하나가 '질문 피치'다. 질문이 중요한 것은 강요와 평서문보다 더 많은 생각을 하게 하기 때문이다.

핑크는 한 가지 예를 드는데, 미국의 대통령 로널드 레이건(Ronald Reagan)이 대통령 후보 시절 상대방 후보를 이기기 위해 다음과 질문을 했다고 한다.

"당신의 경제 사정이 4년 전보다 나아졌습니까?"

레이건은 상대방이 생각할 수 있는 질문을 던짐으로써 메시지를 '임팩트'(impact) 있게 전달했다.

질문은 질문으로 끝나지 않는다. 사람과 회사 그리고 나라의 미래까지 연결된다. 그것은 질문할 때 인생의 답을 찾을 수 있기 때문이다. 그래서 위대한 사람은 답을 푸는 사람이 아니라 호기심으로 끝없이 질문하는 사람이다.

설교자는 묵상할 때 끝없이 질문해야 한다. 설교자는 설교를 준비할 때 끝없이 질문해야 한다. 설교자는 설교 준비를 마친 뒤에도 끝없이 질문해야 한다.

3. 예수님으로부터 질문을 배워라

📖 성경은 질문에 답한 책이다

성경은 질문의 책이다. 성경은 질문으로 이루어져 있기 때문이다. 성경은 질문의 보고(寶庫)다. 보석과 같은 질문이 담겨 있기 때문이다.

"너는 나를 사랑하느냐?"

이 질문은 보석과 다름이 없다.

삶도 질문이 중심에 있다. 세상을 의미 있게 살려면 질문다운 질문을 해야 한다. 끝없는 질문을 통해 사는 삶이 현명한 삶이기 때문이다. 질문은 삶의 답을 찾게 해준다.

그리스도인은 성경을 읽을 때 질문하며 읽어야 한다. 세상을 살 때도 질문하며 살아야 한다. 성경이 질문의 책이라면 교회의 리더는 성경을 공부할 때, 청중에게 질문을 통해 하나님을 알도록 해주어야 한다.

묵상할 때도 질문을 사용해야 한다. 묵상할 때는 질문의 대상이 청중이 아니라 자신이어야 한다. 그리스도인은 성경을 읽을 때, 성경을 공부할 때, 성경을 묵상할 때 질문을 사용해야 한다.

성경은 질문의 책이다. 그리스도인은 성경을 대할 때 어떻게 질문할 것인가를 깊이 고민해야 한다. 성경을 대하는 시간은 질문의 시간이기 때문이다.

📖 구약은 질문의 책이다

성경은 질문의 책이다. 그렇다면 구약도 질문의 책이다. 그러므로 구약을 읽을 때 질문하며 읽어야 한다. 하나님은 기회만 되면 질문하셨다. 예수님도 제자들에게 기회만 되면 질문하셨다.

우리도 구약을 읽을 때 질문하며 읽어야 한다. 구약 중 질문이 가장 많은 성경 중 하나가 욥기다. 욥이 하나님께 질문한다. 질문을 통해 욥은 하나님께서 주신 고난에 대한 답을 들을 수 있었다. 더 나아가 욥은 질문을 통해 마침내 하나님께 인정을 받았다.

"때론 질문이 답보다 중요하다"고 말한 랍비 매튜 D. 게바르츠는 하나님과 욥의 대화를 아래와 같이 이야기한다.

성경에서 욥이 하나님께 묻는다.

"왜 제게 이러시는 겁니까?"

그러자 하나님께서 하신 말씀이 있다.

"네가 세상을 만든 자냐? 네가 전지전능한 자냐? 어떻게 감히 이 모든 것을 이해할 수 있다고 생각하느냐?"

여기서 알 수 있는 것은 질문을 통해 욥이 하나님께서 하시는 일에 대한 대답을 알았다는 것이다. 욥이 고난의 마침표를 찍게 된 것은 질문 때문이었다. 욥이 고난을 겪은 후에 140살까지 행복하고 번영의 삶을 살 수 있었던 것은 그가 질문을 했기 때문이다.

마찬가지로 신앙이 성숙할 수 있는 이유는 하나님을 향해 소리치며 "왜 나를?"이라고 질문할 수 있기 때문이다. 그러므로 설교자는 성경을 볼 때 그냥 보지 말고 질문하면서 읽어야 한다.

📖 신약은 질문의 책이다

구약은 질문의 책이다. 마찬가지로 신약도 질문의 책이다. 예수님은 스스로 성경책을 쓰신 적이 없다. 단지 질문만 하셨다. 예수님만 그렇게 하신 것이 아니다. 세상에서 위대한 '성인군자'라 불리는 사람들은 모두 책을 쓰지 않았다. 공자, 석가모니, 소크라테스 등도 제자들에게 질문만 했다. 전해져 내려오는 그들의 책들은 제자들이 스승의 질문에 대답하는 형식을 취해 책으로 엮은 것이다.

심지어 소크라테스는 자신은 '질문의 명수'이며 '질문하는 것이 자신의 직업'이라고까지 말했다. 그의 정체성은 한마디로 '질문하는 사람'이었다. 그는 자신이 직접 진리를 말하지 않고 상대에게 질문을 통해 깨닫게 했다. 그는 사람들에게 무지(無知)의 지(知)를 알게 하려고 질문을 던졌다. 그래서 질문의 가치와 힘을 정확히 평가하고 실천했다.

공자나 소크라테스보다 더 많은 질문으로 구성된 책이 신약이다. 그것은 예수님의 말씀이 모두 질문으로 이루어져 있기 때문이다.

복음서는 예수께서 하신 질문을 기록한 책이다. 복음서는, 예수님께서 하신 일과 예수의 질문에 대한 이야기들로 가득 차 있다. 예수님은 질문을 통해 제자들을 가르치셨다.

예수님은 청중들에게 질문을 통해 복음이 무엇인가를 깨닫도록 하셨다. 결국 청중은 예수님의 질문을 통해 하나님 나라가 어떤 나라인지 알 수 있었다.

📖 예수님의 질문법을 배워라

사람들은 성경을 구원에 관한 책이라고 말한다. 성경에 구원자인 예수 그리스도가 누구인가를 말해주는 책이기 때문이다. 또한 성경은 질문의 책이다. 예수님이 사람들에게 질문을 통해 사람들의 생각을 이끌어 내고 구원으로 인도하기 때문이다.

우리가 묵상할 때 목표를 세워야 한다. 예수님을 아는 것이다. 예수님을 알려면 질문해야 한다. 질문하되 말씀에서 하나님이 하시고 싶어 하시는 말씀을 알 때까지 해야 한다. 예수님은 제자들에게 질문하실 때도 하나님을 알 수 있는 것이 목표였다.

임봉영은 그의 책 『1% 리더만 아는 유머 대화법』에서 예수님의 질문법을 배우라고 한다. 예수님은 "너희는 나를 누구라 하느냐?" (마 8:29)라고 질문했다. "당신이 누구냐?"라고 질문하지 않았다. 이는 예수님이 하신 유명한 질문이다.

예수님은 이와 같은 질문으로 제자들에게 자신의 정체성을 하나씩 가르쳐 주셨다. 우리도 묵상에서 예수님처럼 질문화법으로 하려면 갖출 것이 있다. 상대의 마음을 잘 읽고 대화의 맥을 잘 짚어야 한다. 또한 대화의 흐름을 쥘 수 있어야 한다. 즉, 자신이 원하는 방향으로 이끌 수 있는 능력을 지녀야 한다.

예수님의 질문 기술은 메시지를 말하지 않는다는 것이다. 도리어 스스로 메시지를 해석하여 받아들이게 만든다. 그래서 마태복음 28장에서 부활하신 후 제자들에게 "평안하냐?"라고 질문하셨다. 이 질문으로 자신의 부활을 만천하에 드러냈다.

만약에 예수님이 "나 여기 살아 있다. 자 똑똑히 보아라"라고 명령형의 대화를 시작했다면 어떤 느낌이 들었을까?

예수님의 살아계심이 확고하게 다가오지 않았을 것이다.

이뿐 아니다.

"너희는 아직도 깨닫지 못하느냐?"(마 15:16).

"너는 사람의 아들을 믿느냐?"(요 9:36).

예수님은 이런 질문으로 제자들이 어떻게 살아야 할지를 가르쳐 주셨다.

요즘은 리더는 많이 아는 사람이 아니다. 질문을 잘 하는 사람이다. 그래서 이런 말이 있다.

"질문만 잘 해도 톱 리더가 될 수 있다."

묵상할 때 예수님과 같이 질문을 통해 핵심을 찌를 수 있어야 한다. 질문으로 시작해 질문으로 마쳐야 한다.

좋은 글을 쓰려면 '문장을 어떻게 쓸까'를 고민하는 것이 아니라 '어떻게 질문할까'를 고민하면 된다. 마찬가지로, 묵상할 때마다 "하나님 어떻게 살아야 합니까?"라고 질문해야 한다.

그럼 묵상을 통해 답을 찾을 수 있다. 질문 없으면 은혜를 받았다고 하지만 변화는 일어나지 않는다. 깊이 고민하지 않았기 때문이다.

질문은 고민의 실마리를 풀어준다. 그리고 하나님의 마음과 묵상자의 마음을 연결해 준다. 그러므로 묵상은 느낌에서 오는 말씀 붙잡기가 아니라 질문을 통해 하나님의 마음을 얻는 과정이다.

4. 낯설고, 깊이 있는 질문을 해라

질문을 해야 하는 이유가 있다. 질문에는 어리석은 질문이 없기 때문이다. 일본 메이지대학교 교수인 사이토 다카시(Saito Takashi)는 그의 책 『내가 공부하는 이유』에서 "세상에 어리석은 질문은 없다"고 했다.

묵상하면서 질문보다 생각을 하는 이유는 '어리석은 질문'이 될까 봐 두렵기 때문이다. 질문에는 수준의 높낮이가 없다. 오직 해답을 찾아가는 방법만 있을 뿐이다. 그러므로 어떤 질문도 좋은 질문이다.

묵상할 때 질문하기에 주저함이 아니라 질문에 담대해야 한다. 질문의 질을 따지지 말고 어떤 질문이든지 하려고 해야 한다. 그 질문이 깊이 있는 묵상을 만들고, 하나님을 만나는 통로가 되기 때문이다.

📖 계속해서 의문을 품고 질문하라

소크라테스(Socrates)는 그의 별명이 '질문하는 사람'이었다. 그는 질문을 던지는 것 자체를 중요시했다. 그가 '질문하는 사람'이 될 수 있었던 것은 의문을 품었기 때문이다. 의문은 언제나 꼬리에 꼬리를 문다. 그러므로 질문하려고 하지 말고 의문을 품으면 된다.

소크라테스는 의문을 품었으면 질문을 하되, 한 번에 그치는 것이 아니라 계속돼야 한다고 말한다. 그래서 계속해서 질문하기 위해 두 단계의 질문을 하라고 이야기한다.

> 질문 1단계: 상대방의 주장이 어떤 내용인지 확인하는 질문을 던지고 동의를 얻는다.
>
> 질문 2단계: 상대방의 주장이 가진 논리적인 틈새를 파고드는 질문을 던진다.

한 번 질문했다고 멈추면 안 된다. 그러면 상대방의 의중을 파악해 낼 수 없다. 하지만 계속해서 질문을 던지면 상상하지 못한 결과를 끄집어낼 수 있다.

우리가 잘 알듯이, 아인슈타인(Albert Einstein)의 '상대성 이론'도 계속해서 의문을 품은 질문에서 나왔다. 그 시작은 어릴 적 학창 시절이었다. 아인슈타인은 하나의 질문에서 시작해 계속된 질문을 했다.

"거울을 들고 빛이 속도보다 빠르게 운동한다며 거울에 비치는 상은 어떻게 될까?"

이 질문에 대한 답이 바로 상대성 이론이다.

일본 자동차 제조사 도요타는 문제를 해결하기 전에 5번 '왜?'라고 질문한다. 그 질문은 내용은 아래와 같다.

> 첫째 질문: "왜 그런가?"
>
> 둘째 질문: "이 정도로 괜찮은가?"
>
> 셋째 질문: "무언가 빠뜨린 것은 없는가?"
>
> 넷째 질문: "당연하게 생각하는 것들이 정말 당연한 것인가?"
>
> 다섯째 질문: "좀 더 좋은 다른 방법은 없는가?"

이와 같이 집요한 질문은 도요타를 세계적인 자동차 회사로 이끈 동력이 됐다.

소크라테스, 아인슈타인, 도요타의 공통점은 질문을 한 번만 하는 것이 아니라 계속해서 했다는 것이다. 이는 묵상도 마찬가지다. 묵상을 할 때 수많은 질문을 계속해서 던져야 한다.

묵상할 때마다 의문을 품고 계속해서 '왜?'라고 질문해야 한다. 그러면 깊이 있는 해결책을 찾아낼 수 있다.

그럼 이와 같은 질문법은 어떻게 해야 하는가?

아트설교연구원에서 만든 질문법은 네 단계가 있다.

> 첫째 단계: "본문을 요약하라."
>
> 둘째 단계: "의미화하라. 즉, '뜻 찾기'를 하라."
>
> 셋째 단계: "질문하라."
>
> 넷째 단계: "답변하라."

마찬가지로 성경 해석과 묵상에서 질문이 중요한 것은 하나님의 마음과 뜻, 배경들을 알 수 있는 최적의 방법은 질문을 통해서다.

낯설고 깊이 있는 질문은 본문 전체를 담아내려고 할 때 된다. 본문 전체를 담아내려고 질문하면, 본문을 깊고 넓게 분석할 수 있다.

📖 낯설고 깊이 있는 질문의 실례

사도행전 5장 7-8절을 통해 살펴보고자 한다.

질문하는 방법에는 두 가지가 있다.

첫째, '단어'로 하는 질문이다.
둘째, '전제'를 담아내는 질문이다.

먼저, 7절을 두 가지 방법으로 질문하면 아래와 같다.

> 단어로 하는 질문: "왜 아나니아와 삽비라는 땅을 팔고 거짓말을 했나?"
>
> 전체를 담아낸 질문: "권세는 누구에게 있나?"

단어로 하는 질문에 대한 답변은 다음과 같이 하게 된다. 즉, 거짓말을 한 이유는 "물질에 대한 욕심 때문에" 혹은 "하나님을 의식하지 못해서"라고 답변하게 된다.

전체를 담아낸 질문에 대한 답변을 다음과 같이 하게 된다. 그들이 거짓말을 한 이유가 "권세는 누구에게 있는가?"라고 질문하게 된다. 그럼 낯설고 깊은 답변을 할 수 있다.

지금 삽비라는 베드로를 사람으로만 바라보며 거짓말했다. 그러나 베드로는 하나님을 바라보며 질문하고 있다. 지금 베드로는 하나님의 권세로 묻는다. 베드로에게 부여된 권세는 하나님의 권세다.

삽비라는 권세가 사람에게 있는 줄 알았기에 베드로를 속일 수 있다고 생각했다. 하지만 베드로는 그 권세가 하나님께 있다고 확신했기 때문에 "그 땅 판 값이 이것뿐이냐?"고 물었던 것이다.

'단어로 하는 질문'으로는 하나님의 권세를 생각해 내기가 쉽지 않다. 하지만 '전체를 담아내는 질문'으로는 베드로의 권세가 아니라 하나님의 권세라는 것을 알 수 있다.

8절로 질문을 하면 다음과 같다.

> 단어로 하는 질문: "베드로가 한 질문은 무엇인가?"
> 전체를 담아낸 질문: "늘 하나님을 의지하며 살고 있는가?"

'단어로 하는 질문'과 '전체를 담아낸 질문'은 질문의 방향과 색깔이 확연히 다르다. 질문이 중요하다고 하지만, 전체를 담아내는 질문으로 하지 못하면 깊은 묵상이 되지 않는다.

질문이 중요하다. 질문의 방법이 중요하다. 갇힌 질문보다는 열린 질문을 해야 한다. '단어'에 국한된 질문보다는 '전체'를 담아낸 질문을 해야 한다.

위 질문 둘의 간극은 예상한 것 이상으로 크다. 깊이 있는 묵상, 낯선 묵상을 하고자 한다면 전체를 담아내는 질문을 통해야 한다. 우리가 할 질문의 방법은 본문 안에 갇혀 있는 질문이 아니라 본문을 담아내는 질문이다. 깊이 있고 낯설게 질문하려면 '본문 전체를 담아내는 질문'을 사용해야 한다.

5. "개념화"해서 질문하라

앞에서 아트설교연구원은 '의미'라는 단어를 많이 사용한다고 말했다. 여기서 '개념화'라는 말은 개념을 '의미화'하라는 말이다.

묵상을 깊고 넓게 하려면 의미를 활용해야 한다. 신학교 이후부터 묵상할 때 질문은 본문에 있는 단어로 했다. 본문 단어로 질문하면 폭넓은 답변을 할 수 없었다.

본격적으로 '창조적 성경 묵상법'으로 묵상을 하면서 '의미'로 질문하니 뜻하지 않은 보석과 같은 답변이 도출됐다. '의미'로 하는 질문은 창의성의 시대에 적합한 창의적인 질문이 된다.

그러므로 질문을 '단어'로 하기보다는 '의미'로 해야 한다.

📖 성경 묵상, '개념' 질문법을 활용하라

'성경을 묵상한다'는 말은 '질문한다'는 말과 한 쌍을 이룬다. 그러므로 묵상은 질문을 통해 해야 한다.

묵상할 때 질문해야 하는 것을 알았다면, 이젠 질문하는 방법을 알아야 한다. 낯설게 질문하면 성경 본문에 갇히지 않고 본문을 담아내는 질문을 하게 된다. 개념으로 질문하는 방법을 예를 들면 아래와 같다.

'사랑'을 묵상하려고 할 때, "왜 우리가 사랑해야 하는가?"라고 질문하게 된다. 그럼 답변이 뻔하다. 그 답변은 "하나님이 사랑이시기 때문이다"가 된다. 또한 "사랑이 그리스도인의 삶의 가치이기 때문이다"라고 답하게 된다.

개념으로 질문하면 답변이 확 달라진다. '사랑'을 '의미화'하거나 '의미를 부여'하면 '최고'라는 개념이 도출된다. 이때 "왜 최고의 사랑을 해야 하는가?"라는 질문을 하게 된다. 그럼 다음과 같은 답변이 나올 수 있다.

> 하나님께서 최악의 우리를 최고의 사람으로 만들어 주셨기 때문이다. 그러므로 사랑을 하되 최고의 사랑으로 살아야 한다. 인간 수준이 아니라 하나님의 수준으로 사랑해야 한다.

본문이 더욱 맛깔스럽게 살려내는 질문을 할 수 있는 놀라움이 일어난다.

📖 '단어'로 하는 질문과 '의미'로 하는 질문의 차이

질문에는 두 가지 질문이 있다. '단어' 자체로 하는 질문과 '의미'로 하는 질문이다. 예를 들면 다음과 같다.

'축복'이란 단어는 그 자체로 하나님께 받은 하늘의 복이다. 하지만 언제나 하나님께 받는 복만으로만 접근하는 것이 아니라 다른 시각을 갖도록 질문할 수 있다.

'축복'을 의미화하면 아래와 같은 뜻이 된다. '내게 없는 것,' '외부로부터 와야 되는 것,' '인생이 바뀌는 것,' '불평에서 감사로 바뀌는 것' 등이다. 이와 같이 개념으로 질문하면, 설교가 창의성이 가득해 낯선 설교를 가능하게 한다.

위와 같이 '의미'로 질문하는 것은 좋은 질문을 할 수 있게 만들어 준다. 설교자는 본문을 묵상할 때 설교에 효과적으로 활용할 수 있는 질문법을 활용할 수 있어야 한다.

그럼 혹자는 이런 말을 할 것이다. 말씀의 원래 의미가 달라지는 것이 아닌가?

그렇지 않다. 말씀의 뜻은 그대로 존재한다. 깊고 넓은 질문이 도출될 뿐이다.

일본의 교육학자인 사이토 다카시(Saito Takashi) 메이지대학교 교수는 그의 책 『질문의 힘』에서 "질문은 훈련을 통해 된다"라고 말한다. 그러므로 '좋은 질문'을 하려면 질문하는 법에 대한 훈련을 해야 한다.

좋은 질문은 좋은 단어를 활용하는 것이 아니다. 좋은 질문은 개념을 활용해 질문하는 것이다.

6. 묵상이 예수 그리스도의 제자를 만든다

묵상을 하는 목표는 자식이 아니라 변화다. 내가 원하는 사람으로가 아니라 하나님께서 원하시는 사람으로의 변화다. 그러려면 묵상의 목표가 분명해야 한다. 예수님의 제자가 되는 것이다.

📖 묵상이 창조적인 사람을 만든다

창조적인 사람은 21세기를 살아가는 사람들의 꿈이다. 창조적인 사람이 되려면 말씀을 묵상하면 된다. 그 이유는 묵상은 창조성을 가져오기 때문이다. 창조성은 선천적인 것이 아니다. 묵상을 습관화하는 데서 싹튼다.

세계적인 안무가 트와일라 타프(Twyla Tharp)는 『창조적 습관』이라는 책에서, 무용이란 것이 얼마나 고된지는 해보지 않은 사람은 모른다고 말했다. 그녀는 매일 10시간 넘는 훈련을 견뎌내야 무대에서 완벽한 동작이 나온다고 말한다. 결국 일정한 경지에 오르려면 노력의 습관화를 해야 한다.

노력의 습관화가 없으면 창조적인 무대는 만들어지지 않는다. 세상 것은 모두 창조물의 소재다.

창조적인 묵상을 하려면 오랜 시간과 오랜 노력이 필요로 한다. 사람들은 성격이 급하다. 기껏 몇 년 노력한 뒤 놀라운 결실을 기대한다. 몇 년 만에 일굴 수 있는 것은 세상에 많지 않다.

그리스도인은 창조적인 사람이 돼야 한다. 그러려면 묵상을 해야 한다. 묵상을 통해 창조적인 사람으로 만들어져야 한다.

창조적인 사람이 되려면 갖출 것이 있다. 다른 사람과 다른 시선으로 묵상할 수 있어야 한다. 그럴 때 하나님께서 찾으시는 창조적인 사람이 된다.

📖 묵상은 사람 냄새 나게 만든다

묵상은 위대하다. 묵상은 그리스도인을 사람다운 사람으로 만들기 때문이다. 사람다운 사람이란 사람 냄새가 나는 사람이다.

묵상은 영적인 사람을 만든다. 영적인 사람은 세상 사람과 구별된 사람이다. 세상 사람과 분리된 사람은 아니다. 사람이 없는 곳에서 사는 사람이 아니다. 문제는 영적인 사람은 분리된 사람이라고 생각할 수 있음이다.

묵상은 사람 냄새를 나게 한다. 사람 냄새가 난다는 것은 세상 사람보다 품격이 돋보이는 사람이다. 세상이 확 달라졌다. 산업화 시대가 아니라 정보화 시대다. 인공지능과 빅데이터가 주도하는 사회다. 그 결과 수직적 관계가 아니라 수평적 관계를 지향한다

묵상은 수직적인 관계인 하나님을 묵상한 것을 수평적인 인간 관

계 속으로 끌어들인다. 그리스도인은 두 가지 이해를 필요로 한다.

첫째, 하나님 이해다.

둘째, 인간 이해다.

묵상은 하나님 이해와 인간 이해를 하게 한다.

인간 이해가 중요한 시대다. 묵상을 할 때 인간을 이해하려 해야 한다. 인간을 이해하면 인간 냄새가 나기 시작한다.

예수님은 인간 냄새가 많이 나셨다. 예수님은 신성도 가지셨지만 인성도 가지셨다. 그렇다면 묵상을 통해 인간 냄새가 나는 사람이 되도록 묵상할 필요가 있다.

세상은 기계적인 사람을 원하지 않는다. 인간적인 사람을 원한다. 예능도 관찰 예능이 대세다. 이는 지금 사람들이 인간적인 냄새나는 사람을 좋아한다는 뜻이다.

교회는 영적인 사람을 이야기 한다. 가장 인간적인 사람이 가장 영적인 사람이라 할 수 있다. 예수님을 닮았다는 것은 예수님의 인간성을 닮았다는 말이다. 예수님의 인간성을 닮은 것은 가장 인간적인 사람이란 것이다. 예수님은 가장 영적이셨다. 즉, 가장 인간적이셨다.

세상에서 가장 인간적인 냄새가 나는 분은 예수님이시다. 예수님은 병자들 고쳐주시는 것이 일상이셨다. 귀신 들린 자를 그냥 지나치시지 않으셨다. 사람들이 천국 복음을 가르치시기 위해 사람들을 거절한 적 없으시다.

예수님의 십자가의 죽으심은 가장 영적이고 인간적인 모습의 총합이다. 가장 인간들을 사랑하셨기에 십자가의 죽음을 선택하신 것이다. 즉, 인자로서 최고의 행동을 하신 것이다.

묵상이란?

하늘의 사람 만들기다. 그 이전에 땅의 사람 만들기다. 예수님은 가장 영적이고 인간적인 냄새를 풍기시기 위해 이른 새벽과 늦은 밤에 기도하시기를 멈추지 않으셨다.

우리는 묵상을 해야 한다. 하되 인간적인 냄새가 풍겨질 때까지 해야 한다.

묵상을 하면 할수록 인간적인 냄새가 풍겨야 한다. 만약 인간적인 냄새를 풍기지 않는다면 하나님의 묵상이 아니라 자기 묵상을 한 것이다.

📖 묵상이 세상을 품는 사람으로 만든다

그리스도인은 묵상을 통해 세상 냄새가 나는 사람이 돼야 한다. 또 하나 그리스도인은 묵상을 하면 할수록 세상을 품을 수 있어야 한다. 하지만 현실은 세상과 등지는 사람이 된다.

'사랑'이란 품는 것을 뜻한다. 성경은 그리스도인에게 사랑의 사람이 되길 바란다. 사랑의 사람이 되면 하나님처럼 세상을 품을 수 있다.

십자가는 세상을 품은 것이 무엇인지, 세상을 어떻게 품는지를 가르쳐 준다. 그렇다면 그리스도인은 예수님과 같이 세상을 품는 사람이 돼야 한다.

묵상은 유익이 아주 많다. 이런 유익은 개인적인 유익에서 그치면 안 된다. 세상에 유익을 줄 수 있어야 한다.

그럼 묵상하면 어떤 유익이 있는가?

묵상하면 다음과 같은 유익이 있다.

첫째, 깊은 진리에 들어가서 결국 하나님의 음성을 듣고 하나님을 만난다.
둘째, 내면의 것과 행간을 읽을 수 있게 된다.
셋째, 영적 의미 찾아낼 수 있게 된다.
넷째, 하나님을 높인다.
다섯째, 상상할 수 없는 은혜를 받게 된다.

위의 묵상의 유익은 얻은 다음에 우리가 할 일은 하나다. 세상을 품을 수 있는 사람이 돼야 한다.

세상을 품으려면 먼저 품을 것이 있다. 하나님을 품는 것이다. 그 이유는 하나님을 품은 사람은 이미 세상을 품은 사람이기 때문이다. 만약 세상을 품지 못했다면 하나님의 사람이 아니다. 하나님은 주무시지 않고 세상을 운행하신다. 품지 않으면 운행할 수 없다.

그리스도인은 세상을 품은 자가 돼야 한다. 묵상하지 않으면 하나님의 마음이 안으로 들어올 수 없다. 하나님이 들어오면 세상이 저절로 품어진다. 그러므로 세상을 품어야 한다. 그다음에 세상을 하나님의 나라로 만들 수 있다. 제자란 예수님을 좇는 자만이 아니다. 예수님의 마음으로 세상을 품은 자이다.

그리스도인은 이분법으로 살아가면 안 된다. 영과 속을 분리하는 것이 아니라 구분해야 한다. 분리하면 세상을 배척하게 된다. 하지만 구분하면 세상을 품을 수 있다.

세상을 품을 때 예수님의 향기를 세상에 심을 수 있다. 세상을 품는 것이 묵상의 목적이다. 묵상함으로 두 가지 목적을 이루어야 한다. 하나님 안에 들어가는 것과 세상을 품는 것이다.

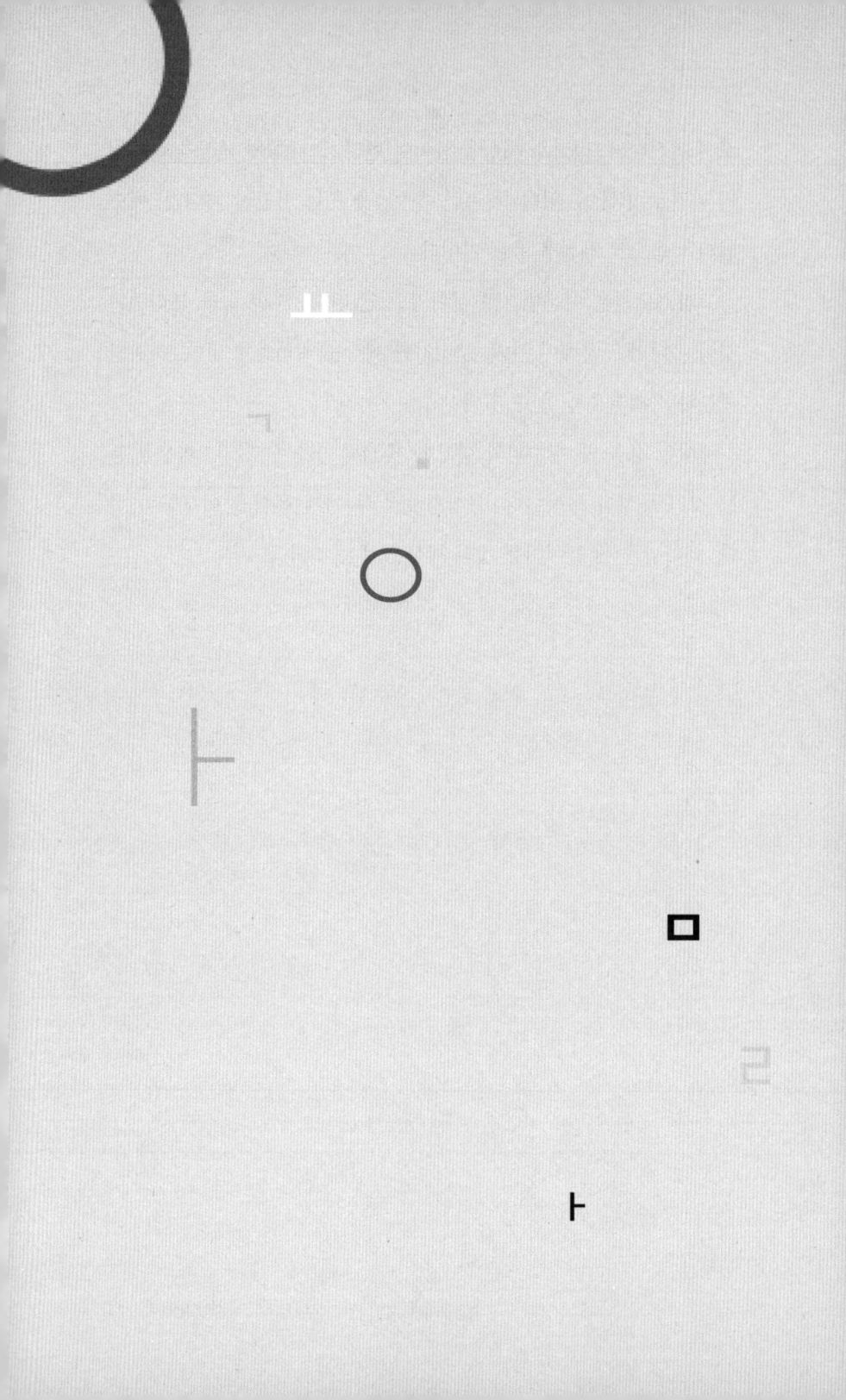

제3장

창조적 성경 묵상을 하라

1. 창조적 성경 묵상법이 설교의 정상에 서도록 한다

설립 80주년을 맞은 영국문화원은 미국·러시아·영국·독일·중국·일본 등 10개국 1만 명을 대상으로 "지난 80년간 세계를 바꾼 80대(大) 사건"에 관한 설문조사 결과를 내놨다. 조사 결과에서 1위는 세계 인터넷망인 '월드와이드웹'(www)이 선정됐다.

월드와이드웹은 팀 버너스 리(Tim Berners Lee)가 1989년 개발했다. 이 월드와이드웹으로 해서 인류의 교육·상업·커뮤니케이션 등 생활양식이 근본적으로 바뀌게 됐다고 영국문화원은 설명했다.

월드와이드웹에 이어 2위는 1928년 알렉산더 플레밍(Alexander Fleming)에 의해 발견돼 '기적의 항생제'로 평가받는 페니실린의 대량 생산(1943년)이, 3위는 가정용 컴퓨터 보급이 차지했다.

월드와이드웹, 즉 인터넷이 1위를 차지한 것은 그 영향력과 중요도가 상상 이상으로 크다는 것을 의미한다. 지금도 모든 산업의 중심에 있는 것이 월드와이드웹인 것이 이를 증명한다.

세상의 중심에 있는 것이 월드와이드웹이라면 성도의 삶은 중심에 있는 것은 '성경 묵상'이다. 목사의 설교 중심에도 성경 묵상이 있다.

설교에는 많은 요소가 필요하다. 본문 주해, 본문 묵상, 삶의 적용,

설교 구성, 문장 구성 등이다. 이 중에서도 묵상은 중심에 있다.

묵상은 설교자의 삶이나 설교의 맨 앞이다. 그렇지만 묵상은 설교를 잘 하기 위한 과정이 아니다. 설교자의 중심을 예수 그리스도 안에 두기 위함이다. 그것은 중심이 예수 그리스도가 돼야 청중이 예수 그리스도 안에 뿌리를 내릴 수 있기 때문이다.

묵상 없는 설교가 되면 안 된다. 그럼 설교가 아니라 좋은 연설일 뿐이다. 묵상은 설교의 정상이다. 모든 설교 과정의 핵심이다.

삶의 대원칙이 '생명에 대한 본능'이듯이, 설교의 중심축은 '말씀 묵상'이다.

묵상과 설교는 부부(夫婦)다

묵상과 설교는 부부와 같다. 떨어지면 안 되는 관계다. 묵상 없는 설교는 한낱 지식에 그친다. 그러므로 설교자는 설교가 이전에 묵상가다.

통상적으로 묵상이라고 하면 '큐티'(QT)가 떠오른다. 하지만 '큐티'는 한계가 명확하다. 설교로의 연결이 태양과 지구와 같이 너무 멀다.

'큐티'는 평신도에게는 보석이다. 설교자에게는 한 입 베어 문 사과다. 큐티로는 설교에로의 연결이 쉽지 않기 때문이다. 설교자가 묵상해야 하는 이유 중 하나가 묵상이 설교로 이어지는 것이다. 만약 이어지지 않으면 과감하게 내려놓아야 한다. '창조적 성경 묵상법'

은 다르다. '창조적 성경 묵상법'은 설교를 위한 묵상법이다.

묵상이 설교에 미치는 영향을 독보적이다.

그렇다면 묵상이 설교에 미치는 영향은 무엇인가?

첫째, 말씀 묵상을 통해 설교자 자신이 하나님과 친밀한 관계를 맺을 수 있도록 준비시켜 준다. 그러므로 설교 준비는 일련의 묵상의 과정이다.

둘째, 설교를 준비하기 위해 말씀 묵상을 하는 것이 아니다. 말씀 묵상을 하면서 기록한 노트는 훗날 그 본문을 설교할 때 도움이 된다. 묵상 노트는 거의 개인 주석 역할을 한다.

셋째, 말씀 묵상이 설교자를 끌고 간다. 설교자는 말씀을 묵상한 대로 살아간다. 묵상하지 않았으면 자기 생각에 이끌린다. 묵상을 했다면 하나님에 의해 이끌린다. 그러므로 말씀 묵상은 설교자와 설교에 미치는 영향은 전 영역이다. 언제나 묵상한 만큼만 그 설교가 영향력을 나타낸다.

묵상 없는 설교는 안 된다. 묵상 있는 설교가 돼야 한다. 묵상은 설교로 이어져야 하기 때문이다. 이런 의미로 묵상과 설교는 부부와 같다.

📖 설교자는 묵상가다

설교자는 묵상가여야 한다. 설교를 결정짓는 것이 묵상이기 때문이다.

사회가 지식 사회가 됐다. 그래서 설교가 지금보다 더 중요해졌다. 그에 비례해 묵상도 중요성이 더해졌다. 묵상은 지식 사회를 살아가는 청중들을 영성의 사람으로 만드는 통로이기 때문이다.

많은 사람들이 필자에게 묻는다.

"당신은 독서가입니까?"

그때마다 하는 말이 있다.

"아닙니다. 저는 묵상가입니다!"

설교자인 필자는 묵상가다. 그렇다면 설교자는 모두 묵상가라고 할 수 있다. 설교자가 묵상가라면 설교자인 우리는 설교를 하기 앞서 반드시 묵상을 해야 한다.

목회자가 묵상가여야 하는 이유를 잘 보여준 사람이 있다. 가나안 전쟁의 지도자였던 여호수아다. 하나님은 가나안 전쟁을 앞 둔 여호수아에게 단 한 가지를 명령하셨다.

'하나님의 말씀을 묵상하라!'

그러자 여호수아는 하나님의 말씀을 묵상했다.

설교자는 묵상에 헌신해야 한다. 만약 묵상에 헌신하지 않으면, 불통의 설교로 인해 청중들로부터 헌신짝처럼 외면당한다.

설교는 방법론이 아니다. 일종의 설교 철학이어야 한다. 그러므로 설교자는 설교를 잘 하려 하기보다는 묵상을 잘 하려 해야 한다.

📖 설교, '창조적 성경 묵상법'으로 하라

설교를 위한 묵상은 어느 정도 해야 할까?
3시간에서 5시간은 해야 한다.

큐티를 위한 묵상은 그리 길지 않다. 그 습관이 설교를 위한 묵상에서도 그대로 적용되는 것 같다. 설교를 위한 묵상은 길어야 한다. 본문 묵상을 충분히 해야 하기 때문이다.

필자가 조사한 바에 따르면 큐티는 30분 전후로 하는 것으로 나타났다. 설교를 위해 하는 묵상도 길어야 1시간 30분이 넘지 않았다.

뉴욕의 리디머교회 담임목사인 팀 켈러(Timothy J. Keller)는 설교를 위한 묵상은 4시간쯤 한다. 팀 켈러가 기준이 될 수 없지만, 필자의 경험에 따르면 5시간 정도 해야 했다. 주부가 가족을 위한 식사를 준비하는 데도 2시간 가까이 소요된다. 그렇다면 설교의 중심인 본문 묵상이 적어도 3시간은 해야 된다.

설교를 위한 묵상인 '창조적 성경 묵상법'은 묵상을 5시간 하는 것을 원칙으로 한다. 묵상을 5시간 하면 묵상 자체가 이미 설교가 된다. 더 나아가 묵상 자체가 목회가 된다. 오랜 시간 묵상을 할 때 하나님께서 부어주시는 은혜가 엄청나기 때문이다.

필자와 회원들의 경험에 따르면, 한 본문 묵상을 5시간씩 5일 정도 하면 하나님께서 부으시는 은혜를 감당키 힘들 정도가 된다.

설교자는 설교를 위한 '창조적 성경 묵상법'에서 설교를 해야 하는 이유, 설교의 방향성, 설교가 어떻게 전개돼야 하는지 답을 발견할 수 있다.

설교자는 언제나 묵상에 이끌려야 한다. 설교 또한 묵상에 이끌려야 한다. 그럼 설교자가 강단에 서는 것이 기대된다. 하나님께서도 묵상가가 설교하는 시간을 기대하신다.

설교자는 묵상에 의해서 설교가 이끌려 가야 한다. 설교자가 묵상에 이끌리면 강단에 서는 것이 두려움이 아니라 기대감이 된다. 말씀을 속히 전하고 싶어진다. 강단에 서서 설교를 하고 싶은 열망이 강렬해진다.

설교자는 묵상에서 설교의 맥을 잡아야 한다. 청중과 어떻게 소통할지 광맥을 발견해야 한다. 그럼 하나님께서 설교를 위한 묵상법인 '창조적 성경 묵상법'을 통해 놀라운 일을 하신다.

◎ 창조적 성경 묵상법 개요 ◎

1. 본문 파악하기	2. 삶과 연결
1) 본문 파악 2) 내용 파악 3) 한 줄 요약	1) 질문하기 (1) 요약하기 (2) 의미화하기 (3) 질문하기 (4) 답변하기 2) 낯설게 적용하기
3. 제목 잡기	4. 본문 깊이 보기
1) 내용 분류 2) 공통어 찾기 3) 의미화하기 4) 제목 만들기 5) 본문과 제목 연결하기 (제목 잡게 된 동기 혹은 이유 쓰기)	1) 하나님의 마음과 의도(저자의 의도) 2) 등장인물의 마음(심리 묘사) 3) 주제를 잘 드러내는 단어 및 구절 연구 4) 지금 주는 의미(현대에 주는 의미) (1) 그때 (2) 지금

2. 창조적 성경 묵상법의 네 단계

'창조적 성경 묵상법'의 네 단계 묵상법은 인문학적 질문법이다. 묵상은 질문으로 시작해서 질문으로 끝난다고 해도 과언이 아니다. 본문 읽기, 본문 해석, 본문 파악 등은 질문이 필수적이기 때문이다.

질문하지 않으면 추측하게 된다. 추측하면 확실한 답이 아니라 추상적인 답을 끄집어낼 수밖에 없다. 반면, 질문하면 구체적인 답을 끄집어낼 수 있다.

끄집어낼 묵상법은 아주 많다. 여기서는 네 단계 묵상법을 어떻게 하는가를 다루려고 한다.

📖 네 단계 질문법으로 묵상하라

'낯설음'의 시대다. 같은 본문을 남과 다르게 볼 수 있는 안목을 가져야한다. 그 방법이 질문법이다. 문제는 질문을 어떻게 할 때 낯설게 보게 하느냐이다. 그러기 위해 네 단계로 묵상해야 한다.

네 단계 묵상법은 아래와 같은 과정을 거친다.

> 첫째 단계: 질문할 본문을 '요약'한다.
> 둘째 단계: 요약한 내용을 '의미화'한다.
> 셋째 단계: 의미화한 것을 '답'이라 생각하고 '질문'한다.
> 넷째 단계: 질문에 대해 '답변'을 한다.

누구나 묵상을 깊고, 넓게, 낯설게 하고 싶어 한다. 이 세 가지를 충족시켜 주는 방법이 네 단계 묵상법이다.

📖 네 단계 묵상법의 실제

'네 단계 묵상법'은 설교가들에게 획기적인 묵상법이다. 이 방법은 질문법에 대한 깊은 고민 속에서 발견했다.

'네 단계 묵상법'은 결코 쉽지 않다. 단계마다 생각을 많이 해야 한다. 이 방법은 귀납법적 단계를 거치면서 답을 찾아가도록 해준다.

'네 단계 묵상법'이 익숙해지면 설교를 위한 본문 연구가 아주 재미있다.

'네 단계 묵상법'은 아래와 같은 방식으로 한다.

(1) 요한복음 15장 1-2절의 예

> 내가 참 포도나무요 내 아버지는 그 농부라 무릇 내게 있어 과실을 맺지 아니하는 가지는 아버지께서 이를 제해 버리시고 무릇 과실을 맺는

가지는 더 과실을 맺게 하려 하여 이를 깨끗케 하시느니라(요 15:1-2).

① 요한복음 15장 1절

첫째 단계(요약하기): 아버지는 농부이고 아들은 참 포도나무이다.
둘째 단계(의미화하기): 필수적
셋째 단계(질문하기): 성도가 갖추어야 할 것은 무엇인가?
넷째 단계(답변하기): 삶에는 두 가지가 필요하다. 본질적인 것과 비본질적인 것이다. 먼저 갖출 것은 본질적인 것이다. 세상에서 본질적인 것은 하나뿐이다. 바로 하나님이시다. 하나님 외에 다른 것은 비본질적이다.

② 요한복음 15장 2절

첫째 단계(요약하기): 과실 맺는 가지가 돼야 한다.
둘째 단계(의미화하기): 가치
셋째 단계(질문하기): 하나님은 사랑을 어떻게 나타내시는가?
넷째 단계(답변하기): 삶은 치우치지 않아야 한다. 동시에 가장 중요한 것을 붙잡아야 한다. 사람들에게 중요한 것은 다를 수 있다. 하지만 성도에게 중요한 것은 하나님의 사랑이다. 그 사랑이 중요한 것은 사랑 안에 세상 최고의 가치를 품고 있기 때문이다.

(2) 누가복음 18장 10-14절의 예

> 두 사람이 기도하러 성전에 올라가니 하나는 바리새인이요 하나는 세리라 바리새인은 서서 따로 기도하여 이르되 하나님이여 나는 다른 사람들 곧 토색, 불의, 간음을 하는 자들과 같지 아니하고 이 세리와도 같지 아니함을 감사하나이다 나는 이레에 두 번씩 금식하고 또 소득의 십일조를 드리나이다 하고 세리는 멀리 서서 감히 눈을 들어 하늘을 쳐다보지도 못하고 다만 가슴을 치며 이르되 하나님이여 불쌍히 여기소서 나는 죄인이로소이다 하였느니라 내가 너희에게 이르노니 이에 저 바리새인이 아니고 이 사람이 의롭다 하심을 받고 그의 집으로 내려갔느니라 무릇 자기를 높이는 자는 낮아지고 자기를 낮추는 자는 높아지리라 하시니라(눅 18:10-14).

질문은 몇 개로 나누어서 해도 상관없다. 여기서는 네 개로 나누어 질문하고자 한다. 요한복음 15장에는 전체로 하는 질문이 없었다. 하지만 누가복음 18장은 전체 질문도 있다.

요한복은 15장에서 답변하기는 분량이 많지 않았다. 누가복음 18장에서도 답변을 길게 하지 않을 것이다. 하지만 설교자라면 답변하기를 A4 용지 1/2 분량으로 해야 한다. 그럴 때 충분한 묵상이 되기 때문이다.

A4 용지 1/2 분량으로 답변을 하면 얻는 유익이 있다. 본문을 완벽하게 해석하고 설명할 수 있다. 즉, 본문 전체를 완벽하게 파악이 가능해진다. 또한 글의 논리성과 창의적 글쓰기에 도움을 준다.

① 누가복음 18장 10-12절

> 첫째 단계(요약하기): 자기를 내세우며 기도하는 바리새인.
> 둘째 단계(의미화하기): 자신만이 최고다.
> 셋째 단계(질문하기): 사람은 어떤 착각에 빠져 사는가?
> 넷째 단계(답변하기): 세상 사람들이 바라는 인간상이 있다. 편안하게 다가갈 수 있는 사람이다. 반대로 사람들이 멀리하고 싶은 사람이 있다. 자기가 최고라고 여기는 사람이다. 사람은 자기 착각에 빠져 살아야 할 때도 있다. 하지만 그렇게 살면 사람들의 기피 대상이 된다.
> 그러므로 자기 착각이 아니라 자기 겸손으로 살아가야 한다. 사람이 착각에 빠져 산다면 이는 이미 불행한 사람이기 때문이다.

② 누가복음 18장 13절

첫째 단계(요약하기): 하나님의 도움을 구한다.

둘째 단계(의미화하기): 절박함.

셋째 단계(질문하기): 사람이 세상을 살아갈 때 취할 자세는?

넷째 단계(답변하기): 삶은 지루하다. 그래서 색다름이 아니라 지루함으로 하루를 살아갈 수 있다. 문제는 지루함이 지속되면 세상살이가 힘들다는 것이다. 세상살이가 하나님의 도움을 받고자 한다면 절실함으로 살아가야 한다. 세상은 진실, 성실, 절실로 살아가는 것이 기본이기 때문이다.

③ 누가복음 18장 14절

첫째 단계(요약하기): 거꾸로 살아라.

둘째 단계(의미화하기): 내가 답이 아니다.

셋째 단계(질문하기): 하나님을 경험한 사람의 고백은?

넷째 단계(답변하기): 바울이 한 위대한 고백이 있다. 예수 그리스도가 내 안에 사는 것이다. 하나님을 고백하지 못한 사람은 '내 인생은 내 힘으로 산다'다. 하지만 하나님을 경험한 사람은 '내게는 답이 없다'다. 그것이 우리를 하나님의 능력으로 살게 한다. 그럼 꿈꾸지 못했던 위대한 삶을 살게 된다.

④ 본문 전체

첫째 단계(요약하기): 예수님이 원하시는 기도자.

둘째 단계(의미화하기): 행복한 사람.

셋째 단계(질문하기): 하나님께서 성도에게 주는 축복은?

넷째 단계(답변하기): 하루하루 살 때 하는 기도가 있다. "오늘도 주님 안에서 살자"다.

왜 이런 기도를 하는가?

하나님께서 주시는 축복으로 살기 위해서다. 하나님은 성도에게 좋은 것 주시려 한다. 그것을 인간은 '행복'이라고 정의 내린다. 삶에서 행복한 것은 내가 얻은 것이 아니다. 하나님께서 주신 축복이다.

위와 같이 네 단계로 묵상하면 당신이 알고 있는 지식보다 더 많은 것을 알고 깨닫게 된다. 그뿐 아니라 하나님의 깊은 뜻을 뜻하지 않게 발견하게 된다.

묵상은 내가 알고 싶은 것을 아는 것이 아니다. 하나님께서 알게 하시는 것을 발견하는 것이다. 그럴 때 기쁨이 있다. 하나님의 영광을 경험한다.

(3) 창세기 2장 1-3절의 예

> 천지와 만물이 다 이루어지니라 하나님이 그가 하시던 일을 일곱째 날에 마치시니 그가 하시던 모든 일을 그치고 일곱째 날에 안식하시니라 하나님이 그 일곱째 날을 복되게 하사 거룩하게 하셨으니 이는 하나님이 그 창조하시며 만드시던 모든 일을 마치시고 그 날에 안식하셨음이니라(창 2:1-3).

① 창세기 2장 1절

첫째 단계(요약하기): 하나님께서 이루셨다.
둘째 단계(의미화하기): 설렘.
셋째 단계(질문하기): 인간이 하나님을 생각할 때 가져야 할 마음은?
넷째 단계(답변하기): 하나님은 인간을 위해서 사신다. 반면, 인간은 자기를 위해 살아간다. 그리스도인도 마찬가지다. 우리가 그리스도인이라면 사는 것이 세상 사람과 달라야 한다. 우리는 하나님을 위해서 살아야 한다. 하나님을 위해서 사는 사람은 하나님을 생각하면 설렌다.
사람은 사람을 만나면 설렌다. 사람이 좋기 때문이다. 어릴 적 손님이 찾아오면 설렜다. 맛있는 것을 먹을 수 있었기 때문이다.

마찬가지로 그리스도인은 하나님에 대해 설레는 마음으로 살아야 한다. 그럼 인간이 세상에 없던 경험을 한다. 하나님의 기적을 경험하기 때문이다. 하나님은 손만 대시면 기적적인 결과가 일어난다.

인간이 의자 하나 만드는 것도 쉽지 않은데 하나님은 말씀만으로 천지를 만드셨다. 인간은 도구가 있어야 하고 재료가 있어야 한다. 하지만 하나님은 말씀만으로 만드셨다. 하나님께서 이런 정도라면 그리스도인이 하나님에 대해 설레는 것은 당연하다. 아니 '하나님'이란 단어만 들어도 설레야 한다. 세상과 나를 어떤 모습으로 만드실지 기대가 되기 때문이다.

최근에는 '트럼프'라는 단어만 들으면 짜증난다. 어떤 이상한 말을 할지 모르기 때문이다. 반대로 하나님께서 말씀하시면 기대감이 '만땅'이다. 그 기대감 때문에 설렘으로 잠을 잘 수 없다.

사람이 합격 통지를 받으면 설렘에 잠을 이루지 못하지 않는가?

마찬가지로 그리스도인은 하나님에 대한 설렘으로 잠을 설쳐야 한다. 더 나아가 손까지 떨 정도 되는 것이 정상이다.

② 창세기 2장 2절

첫째 단계(요약하기): 마친 뒤 쉬셨다. 안식일은 하나님의 배려다. 안식은 하나님의 마침과 그침이다.

둘째 단계(의미화하기): 평안.

셋째 단계(질문하기): 최선을 다한 뒤 그다음에 오는 것은?

하나님께서 사람에게 주고 싶은 한 가지는?

넷째 단계(답변하기): 삶은 '의미 찾기'라고 한다. 이는 인생이 배부르기 위해 사는 것이 아니라 가치를 추구함이기 때문이다. 하나님은 의미 있는 일을 하셨다. 세상 창조를 마치셨기 때문이다. 하나님 편에서 삶의 의미는 창조다. 인간 편에서 삶의 의미는 안식이다.

마찬가지로 인간에게 삶의 의미는 하나님의 영광의 회복이다. 즉, 창조 정신의 회복이다. 그리고 세상을 위해서는 힘을 충전할 수 있는 기회를 주는 것이다.

하나님께서 보이시는 최선은 세상의 평화를 위해서다. 그리고 자기 자녀의 평안을 위함이다. 그럴 때 하나님께서도 진짜 안식하는 시간을 가지신다.

③ 창세기 2장 3절

첫째 단계(요약하기): 하나님의 마지막은 선이다. 안식일은 숙제의 날이 아니라 축제의 날이다. 안식은 거룩하고 복된 날이다. 하나님 안에 안식이 복이고 거룩이다.

둘째 단계(의미화하기): 기대감.

셋째 단계(질문하기): 하루하루를 어떻게 살아야 하는가?

넷째 단계(답변하기): 사람들은 '삶은 치열한 경쟁'이라고 말한다. 하나님은 '삶은 하나님의 복 받기'라고 말씀하신다. 삶에서 치열한 경쟁은 힘들다. 하지만 하나님의 복 받기에는 경쟁이 없다. 그저 복 누림만 있다. 그것은 하나님께서 복을 주시면 되기 때문이다.

오늘 하나님은 일곱째 날을 복되게 하셨다. 즉, 하나님께서 인간에게 주일을 통해 복을 주신 것이다. 첫째 날부터 인간에게 엄청난 복을 주신 것이다.

그러므로 우리는 하루하루를 하나님과 함께 살아가야 한다. 특히 주일은 하나님과 친밀해야 한다. 그 날이 더욱 복된 날이기 때문이다.

주일은 거룩하다고 하신다. 사실 주일이 거룩한 것이 아니라 하나님과 함께하시기 때문에 거룩한 날이다. 거룩한 날이 되려면 하루하루 후회 없이 살아야 한다. 이 하루하루가 모여 일주일이 된다. 그러므로 하루하루 하나님과 함께 살아가야 한다. 그럼 주일이 축제의 날이 된다.

3. 창조적 묵상법의 실례 1: 제목 잡기, 이같이 하라

설교는 제목이 중요하다. 어떤 분들이 제목이 설교의 80% 이상을 차지한다고 말한다. 좋은 제목이 청중의 마음을 사로잡기 때문이다. 어쨌든 제목이 설교의 반 이상을 차지하는 것만은 분명하다.

📖 제목이 설교의 반 이상이다

필자는 설교 때마다 경험을 한다. 제목을 구절이나 단어 등으로 잡으면 청중들이 그다음 주에 전혀 기억하지 못한다. 하지만 문장으로 잡으니 한 달 이상을 기억한다.

"하나님을 사랑합시다," "믿음, 소망, 사랑" 등의 제목은 기억이 잘 되지 않는다. 하지만 "내 등의 짐은 귀한 선물이다"는 기억이 잘 된다. 그뿐만이 아니다. 설교 내용을 반 이상 기억하게 된다. 제목과 내용이 연결됐기 때문이다.

설교에서 제목이 중요하다. 제목이 설교에서 전체 비중의 반 이상을 차지한다. 한양대학교 경영대학 교수인 홍성태 교수는 『모든 비즈니스는 브랜딩이다』라는 책에서 '브랜딩'(branding)의 중요성을 강조했다.

비지니스에서 브랜딩이 중요하다면 책은 제목이 중요하다. 독자들이 책 구입을 결정하는 첫 번째 요소가 책 제목이다. 마찬가지로 설교에서 중요한 것은 설교 제목이다. 그러므로 제목을 잡을 때 청중이 오래 기억하는 문장으로 잡아야 한다.

문장으로 제목을 잡으면, 청중들은 제목을 접하는 순간 설교 윤곽을 잡을 수 있다. 설교 전에 설교에 대한 그림을 그릴 수 있다. 어떻게 전개될지 한 번 생각해 볼 수 있다. 마지막으로 시간이 흐른 뒤에도 제목만 떠오르면 내용까지 떠올라 다시 한 번 하나님을 묵상할 수 있다.

설교 제목은 설교 전체를 좌우할 만큼 설교 제목의 힘이 막강하다. 『칭찬은 고래도 춤추게 한다』라는 책을 통해서 이를 실감할 수 있다.

켄 블랜차드, 타드 라시나크, 처크 톰킨스가 공저한 『칭찬은 고래도 춤추게 한다』는 책의 처음 제목은 『고래야 잘했다』였다. 그러나 『고래야 잘했다』라는 제목은 독자들의 관심을 전혀 끌지 못했다.

책이 팔리지 않자, 출판사가 책 제목을 바꾸기로 한다. 그래서 바꾼 제목이 그 유명한 『칭찬은 고래도 춤추게 한다』이다.

『고래야 잘했다』에서 『칭찬은 고래도 춤추게 한다』로 제목이 바뀌자, 독자의 외면에서 독자의 환심으로 바뀌었다. 곧이어 책이 불티나게 팔려 마침내 최고의 베스트셀러가 됐다.

설교도 제목이 중요하다. 청중의 마음을 사로잡을 수 있는 제목을 잡아야 한다. 청중이 설교 후 설교 내용을 기억하는 경우는 흔치 않다. 설교 제목 정도만 기억할 뿐이다. 그렇다면 설교자는 설교 제목에 가장 신경 써야 한다.

설교자는 설교의 제목을 기억하도록 해야 한다. 그렇지 않으면, 설교가 매주 찾아오는 행사에 불과하게 된다. 일반 강연에서도 어떤 제목으로 잡을 것인가에 대해 깊은 고민을 한다. 강연에서도 제목에 따라 참가 여부가 결정되기 때문이다.

신문사나 방송국도 제목, 즉 헤드라인에 온 시간을 쏟아붓는다. 1시간이 주어지면 50분을 쏟아붓는다. 미국의 대통령 링컨이 한 말을 설교 제목 잡을 때 원칙으로 삼아야 한다.

"내게 나무를 찍는 여덟 시간이 주어진다면 난 여섯 시간은 날을 갈겠다."

📖 **가능하면 제목을 일반화시켜라**

문제는 '제목을 어떻게 잡을 것인가?'이다. 대부분은 본문의 단어나 구절 중에서 차용한다. 이도 한 가지 방법이다. 하지만 아트설교연구원에서는 설교 제목을 잡는 두 가지 원칙을 제시한다.

첫째, 본문을 담아내도록 한다.
둘째, 일반 제목으로 잡는 것을 권장한다.

본문을 담아낸 일반적인 제목은 어떻게 잡아야 하는가?

그것은 아래와 같다.

"나를 넘어서야 남을 넘어선다."

"내려놓음이 생존력이다."

"무릎 꿇음이 축복이다."

"주인이 바뀌면 삶이 바뀐다."

"신앙생활은 하나님을 가슴에 새기는 것이다."

"성도는 파란 신호등에만 반응해야 한다."

"주도권에 따라 소유권이 결정된다."

"버릴 것 못 버리면 내가 버려진다."

"'관계'가 불통 되면 '안목'은 먹통 된다."

"기준이 삶의 기반을 세운다."

"주님과 연결되면 능력이 무한이다."

본문을 정확히 보라

'본문 정확히 보기'는 제목 잡기에 필수적이다. 즉, 제목을 잡게 된 동기나 이유를 설명한다. '본문 정확히 보기'는 묵상이 본문을 벗어나지 않아야 함을 전제한다.

'본문 정확히 보기'는 세 단계를 거친 뒤 제목을 잡는다.

첫째, 내용 분류다.

내용 분류는 내용을 세분화해서 보는 것이다. 섞여 있는 상태에서는 내용이 선명하게 다가오지 않는다. 하지만 내용을 분류하면 본문이 어떤 내용인지 한눈에 들어온다.

내용 분류할 때, 셋 중 하나로 분류한다.

① 사람
② 사건
③ 단어

설화체는 사람이나 사건에 따라 분류를 한다. 강화체는 사람이나 단어로 분류를 한다. 어쨌든 이 셋 중에 가장 많이 사용되는 것이 사람으로 분류하는 것이다. 예를 들면, 다윗, 사울, 요나단으로 분류한다.

둘째, 공통어 만들기다.

공통어는 '명사' 혹은 '동사'여야 한다. 예를 들면 다음과 같다.

다윗: 하나님을 사랑했다.
사울: 세상을 사랑했다.
요나단: 세상을 사랑했다.

여기서 공통단어는 '사랑했다'다.

셋째, 창의적 접근이다.

창의적 접근 세 단계가 있다.

① 의미화하기
② 제목 잡기
③ 그 제목을 잡게 된 동기 혹은 이유를 쓰기

위의 '본문 정확히 보기'는 다음과 같은 과정을 거쳐서 해 나간다.

📖 본문 정확히 보기의 실례: 여호수아 7장 22-26절

이에 여호수아가 사자들을 보내매 그의 장막에 달려가 본즉 물건이 그의 장막 안에 감추어져 있는데 은은 그 밑에 있는지라 그들이 그것을 장막 가운데서 취하여 여호수아와 이스라엘 모든 자손에게 가지고 오매 그들이 그것을 여호와 앞에 쏟아 놓으니라 여호수아가 이스라엘 모든 사람과 더불어 세라의 아들 아간을 잡고 그 은과 그 외투와 그 금덩이와 그의 아들들과 그의 딸들과 그의 소들과 그의 나귀들과 그의 양들과 그의 장막과 그에게 속한 모든 것을 이끌고 아골 골짜기로 가서 여호수아가 이르되 네가 어찌하여 우리를 괴롭게 하였느냐 여호와께

> 서 오늘 너를 괴롭게 하시리라 하니 온 이스라엘이 그를 돌로 치고 물건들도 돌로 치고 불사르고 그 위에 돌 무더기를 크게 쌓았더니 오늘까지 있더라 여호와께서 그의 맹렬한 진노를 그치시니 그러므로 그 곳 이름을 오늘까지 아골 골짜기라 부르더라(수 7:22-26).

"하나님의 관점으로 디자인하라"는 제목으로 '본문 정확히 보기'를 하면 아래와 같다.

(1) 내용 분류

> 여호수아: 이에 여호수아가 사자들을 보내매 사자들이 찾은 물건을 가지고 왔다. 여호수아가 이스라엘 모든 사람과 더불어 세라의 아들 아간을 잡고 그 은과 그 외투와 그 금덩이와 그의 아들들과 그의 딸들과 그의 소들과 그의 나귀들과 그의 양들과 그의 장막과 그에게 속한 모든 것을 이끌고 아골 골짜기로 가서 말했다. "네가 어찌하여 우리를 괴롭게 하였느냐 여호와께서 오늘 너를 괴롭게 하시리라." 온 이스라엘이 그를 돌로 치고 물건들도 돌로 치고 불사르고 그 위에 돌무더기를 크게 쌓았다.
> 사자들: 사자들이 그의 장막에 달려가 본즉 물건이 그의 장막 안에 감추어져 있는데 은은 그 밑에 있었다. 그들이 그것을 장막 가운데서 취하여 여호수아와 이스라엘 모든 자손에게 가지고 와

> 서 그들이 그것을 여호와 앞에 쏟아놓았다.
>
> 하나님: 사자들이 아간이 훔친 물건을 여호와 앞에 쏟아놓았을 때 여호수아가 말하기를 "여호와께서 오늘 너를 괴롭게 하시리라" 한다. 온 이스라엘이 아간을 돌로 치자 여호와께서 그의 맹렬한 진노를 그쳤다.

(2) 공통어 만들기(명사 혹은 동사): 물건

> 여호수아: 아간이 훔친 '물건'을 사자들이 가지고 왔다.
>
> 사자들: 아간이 훔친 '물건'을 찾아냈다.
>
> 하나님: 아간의 훔친 '물건' 때문에 진노했다.

(3) 창의적 접근

① 의미화하기: '물건'의 개념화를 했더니 '관점'이 만들어졌다.

② 제목 잡기: 제목을 잡을 때 원칙이 있다. 반드시 의미화를 통해 만들어진 단어를 사용해야 한다. 유사한 단어나 반대되는 단어는 사용할 수 있다. 그래서 만든 제목이 "하나님의 관점으로 디자인하라"이다.

③ 그 제목을 잡게 된 동기 혹은 이유: (본문의 제목을 "하나님의 관점으로 디자인하라"라고 정하게 된 이유는 다음과 같다.)

이 본문은 아간의 처참한 말로를 보여준다. 자기만이 받아야 할 말로였다. 가족들과 모든 동물들까지도 죽임을 당한다. 이는 자기 관점으로 설계를 했기 때문이다. 즉, 아간 한 명의 잘못된 욕망 때문이었다. 그럼 왜 아간이 잘못된 욕망으로 행동했는가?

아간의 삶은 하나님의 관점으로 디자인한 것이 아니라 자신의 관점으로 디자인한 것이었기 때문이다. 관점이 중요하다. 그릇된 관점은 결과가 비참하다. 자기 관점으로 행동한 결과 아간은 사람들의 돌로 맞았고, 훔친 물건들도 불살라졌다.

성도는 자기 관점이 아니라 하나님의 관점으로 삶을 디자인해야 한다. 우리의 삶의 관점이 하나님의 관점인지 아닌지를 살펴야 한다. 그 이유는 하나님의 관점으로 디자인하는 것이 성도의 마땅한 도리이기 때문이다.

4. 창조적 성경 묵상법의 실례 2: 하나님의 마음과 의도

성경의 원 저자는 하나님이시다. 글을 쓰는 저자는 그 글에 자신의 의도를 담는다. 성경에는 원 저자인 하나님의 의도가 담겨 있다. 그 의도는 하나님께서 본문을 통해 말씀하시고자 하는 것이다. 그것이 바로 성경의 저자이신 '하나님의 마음과 의도'다.

성경에 나타난 '하나님의 마음과 의도'가 무엇인지 찾아야 하는 이유가 있다. 설교자들이 성경을 읽을 때 자기 관점으로 읽기 때문이다. 자신이 읽고 싶고, 느끼고 싶고, 알고 싶은 것을 알고자 한다. 그렇지 않고 하나님의 마음으로 읽어야 한다. 그럴 때 하나님의 깊은 뜻을 깨달을 수 있다.

📖 하나님의 마음을 담으라

글은 마음의 양식이다. 말씀은 생명의 양식이다. 말씀을 대하면 생명의 역사가 일어난다. 생명의 역사가 일어나는 이유가 있다. 하나님께서 말씀 안에 역사하시기 때문이다. 하나님께서 역사하시는 것은 말씀 안에 하나님의 마음이 들어있기 때문이다.

역사는 마음이 들어가야 일어난다. 마음이 들어가지 않으면 껍데

기일 뿐이다. 그러므로 묵상할 때 하나님의 마음을 찾아야 한다. 찾은 뒤 하나님 마음 안에서 기쁨을 만끽해야 한다.

성경을 통해 저자의 의도, 즉 하나님의 마음을 찾아내야 하는 이유가 있다. 인간의 욕심이나 의도가 묵상 안에 들어가지 않아야 하기 때문이다. 묵상 안에는 하나님의 마음만 들어가야 하기 때문이다.

묵상 안에 인간의 마음이 들어가면 욕망이 드러난다. 그 결과 묵상자의 마음으로 성경의 뜻을 해석한다. 그다음에는 삶을 자의적으로 해석한다. 하지만 하나님의 마음이 들어가면 은혜로 해석하게 된다. 그러므로 묵상할 때 '하나님의 마음'을 가져야 한다.

'하나님의 마음'으로 성경을 보는 법은 쉽다. 묵상자의 시선을 바꾸면 된다. 내 시선으로 성경을 보는 습관을 버리고 '하나님의 마음'을 장착해야 한다. 이것은 안경을 바꿔 쓴다고 되는 것이 아니다. 안경은 물론 마음까지 바꿔야 한다. 그래서 내 의도를 아래로 내리고, 하나님의 뜻을 위로 올려야 한다.

📖 저자의 의도 찾기 실례

(1) 요한복음 4장 39-42절

먼저 본문의 내용은 대략 다음과 같다.

> 수가 성 사람들은 처음에는 수가 성 여인의 말을 듣고 예수님을 믿었다. 하지만 나중에는 직접 예수의 말씀을 듣고, 예수가 세상의 구주이심을 알고 믿었다.

위의 내용에서 하나님의 의도, 즉 하나님의 마음은 아래와 같다.

> 세상을 살면서 어디에 미쳐야 하는가가 삶의 관건이다. 수가 성 여인은 남자에게 미쳐 살았다. 그 결과 언제나 불만이 가득했다. 또한 사마리아 사람들도 자기들의 신에 미쳐 살았다. 하지만 예수님을 만나자 누구에게 미쳐야 할 것이 분명해졌다. 그래서 예수님께 미치기로 작정한다.

불광불급(不狂不及), 즉 "미치지 않으면 미치지 못한다"라는 말이 있다. 이는 뭔가에 미치지 않으면 기대한 결과가 얻을 수 없다는 뜻이다. 예수님을 만나자 수가 성 사람들은 예수님께 미쳤다. 그 결과 구원이란 결과를 얻었다.

사람은 세상에서 남부럽지 않게 살기를 바란다. 자신에게 도움이 되는 것에 미치고자 한다. 문제는 사람들이 마약, 도박, 술, 돈 등 사람을 망치는 것에 미친다는 것이다. 세상에는 어쩌면 인생을 걸고 미칠 만한 것이 거의 없다.

그래서 수가 성 여인은 자신을 채워줄 대상인 남자에 미쳤는지 모른다. 수가 성 사람들은 우상에 미쳤는지 모른다. 우리가 미치되 방향을 잘 잡고 미쳐야 한다. 한 번 미치되, 가짜가 아니라 진짜에 미쳐야 한다.

요즘은 '덕후[1] 시대'다. 덕후는 어느 한 분야에 미쳐 살다 보니 어느 누구도 따라올 수 없는 독보적인 존재가 될 수 있다. 사람은 뭔가에 미쳐서 산다. 그러므로 미치되 인생이 복 되는 것에 미쳐야 한다. 자기 인생을 바꾸어줄 것에 미쳐야 한다. 그래서 어떤 사람은 말했다.

"미칠 것이 없다면 현재와 내일에 미치라."

그리스도인들은 미칠 대상이 분명하다. 바로 예수님이시다. 오늘과 내일에 미치면 세상에서 '덕후'가 될 수 있다. 반면, 예수님께 미치면 세상의 중심이 된다. 다윗이 예수님께 미치니 한낮 목동에서 한 나라를 통일왕국을 세우는 왕이 됐다. 율법에 미칠 때에는 사람을 죽이는 사람이 됐던 바울이 예수님께 미치니 생명을 살리는 사람이 됐다.

그렇다. 미치되 제대로 미쳐야 한다. 우리가 제대로 미칠 대상은 다름 아닌 예수님이시다. 그러므로 나뿐 아니라 가족과 이웃이 예수님께 미치도록 힘써야 한다.

---

[1] 일본어 오타쿠(御宅)를 한국식으로 발음한 '오덕후'의 줄임말로, 현재는 어떤 분야에 몰두해 전문가 이상의 열정과 흥미를 가지고 있는 사람이라는 긍정적인 의미로 사용된다.

2) 사사기 8장 18-21절

이 본문 내용은 '악의 결과는 언제나 죽음이다'라고 말해준다. 위의 내용에서 하나님의 의도한 바인 하나님의 마음은 아래와 같다.

> 사람은 자기 길을 가지 않고 하나님의 길을 가야 한다. 자기 길이 비록 자기 생각에 옳다고 느껴질지라도 자기 길이 아닌 하나님의 길을 가야 한다. 인간은 자기가 생각한 길이 정확하다고 생각한다. 이는 인간이 악하다는 사실을 간과한 결과다.
> 인간은 언제나 자기 욕망에 가려 다른 사람들의 필요와 고통을 보지 못한다. 그저 자기 생각만으로 가득 차 돌이킬 수 없는 강을 건너는 것이 일상사다. 그럼에도 불구하고 인간은 자신의 생각이 정당하다고 착각한다. 그 교만한 마음을 떨칠 수 있는 사람이 돼야 한다.
> 인간은 성경의 소리에 귀를 기울여야 한다. 성경은 "인간의 길은 망한다"라고 말씀한다. 반면 "하나님의 길만은 굳게 선다"라고 말씀하신다. 그러므로 사람이 걸어가야 할 길은 죽음의 길이 아니라 생명의 길이어야 한다.
> 세바와 살문나는 죽을 길을 향해서 갔다. 그것은 그들이 걸어간 길이 하나님의 길이 아닌 자기 길이었기 때문이다. 그 결과는 참혹했다. 그들이 죽음으로 끝났기 때문이다. 우리가 살려면 자기 길이 아니라 하나님의 길을 가야 한다. 그러면 하나님의 선물인 영생이 주어진다. 하나님의 인도와 보호함 그리고 축복을 선물로 받는다.

설교자들은 설교를 할 때 자기가 보는 눈으로 설교하는 것이 아니라 하나님의 눈으로 설교할 수 있어야 한다. 하나님의 눈을 가질 때 우리는 하나님께서 의도한 마음과 하나가 될 수 있다.

 설교자가 하나님 마음과 하나가 되면 설교에 하나님의 은혜가 강력하게 임한다. 그러므로 내 시선을 내려놓아야 한다. 그런 후 하나님의 마음을 담기 위해 몸부림쳐야 한다. 자기의 시선으로 설교하면 안 된다. 하나님의 마음으로 설교해야 한다. 그럼 하나님의 마음이 청중 마음과 하나가 된다.

5. 창조적 묵상법의 실례 3: 등장인물 마음 읽기

분당 우리교회 이찬수 목사의 설교 특기는 '마음 읽기'를 잘 하는 것이다. 마음 읽기를 하면 나타나는 현상이 공감이다. 결국 이찬수 목사는 공감에 남다름이 있다.

공감은 역지사지(易地思之)의 마음이라고 정의할 수 있다. 즉, 마음과 마음이 교감을 하는 것이다. 공감이 이루어지면 청중은 그 이야기를 자기 이야기로 받아들인다.

남성은 이지적이다. 반면 여성은 감성적이다. 남자는 문제를 풀려고 하는 특성이 강하다. 반면 여자는 공감하려는 특성이 강하다. 그래서 느낌을 중시한다. 설교에서 하나님의 마음, 성경에 등장하는 인물의 마음이 드러나면 청중은 그 이야기를 남의 이야기가 아닌 자기 이야기로 받아들인다.

📖 **설교자는 마음 읽기의 달인이 돼야 한다**

세상에서 가장 어려운 것이 사람의 마음 읽기다. 그래서 다음과 같은 말이 있는지 모른다.

"천 길 물 속은 알아도 한 길 사람 속은 모른다."

삶의 비결은 마음 읽기를 누가 잘 하느냐이다. 마음을 잘못 읽으면 어려움을 겪는다. 동성 간에는 마음을 어느 정도 읽는다. 하지만 이성 간에는 남과 북이 갈라져 70년을 이어온 휴전선과 다를 바가 없다. 존 그레이의 책 『화성에서 온 남자 금성에서 온 여자』를 읽어보면 남자와 여자는 완전히 다름을 알 수 있다.

부부가 오래 살려면 가장 중요한 일이 상대가 나와 다르다는 것을 파악하는 것이다. 결혼 생활 20년 이상한 남자들이 하는 말이 있다.

"아직까지 아내 마음이 뭔지 모르겠어!"

이 말에 대부분의 남자들은 공감한다. 설교는 어찌 보면 마음을 어느 정도 읽었느냐에 달려 있다고 해도 과언이 아니다. 성경 해석만 해주면 사람들은 반응을 보이지 않는다. 하지만 마음을 조금만 읽어주면 청중은 뜨거운 반응을 보인다.

20세기에 가장 발전한 학문이 심리학이다. 목회자는 영혼을 다루는 직업이다. 그러므로 사람의 마음 읽기에 어느 정도 식견을 갖춰야 한다. 설교자가 어려운 것은 하나님도 알아야 하고, 사람도 알아야 하기 때문이다. 하나님도 알기 어려운데 사람까지 알려고 하니 힘들기가 그지없다.

설교자는 마음 읽기의 달인이 돼야 한다. 그래서 본문의 등장인물의 마음 읽기가 중요하다. 설교자는 등장인물의 마음을 읽은 설교를 하려고 해야 한다. 만약 등장인물의 마음을 읽지 못하면 청중이 설교를 공감하기가 어렵다.

📖 등장인물의 마음 읽기를 훈련하라

설교자들은 마음 읽기 훈련을 해야 한다. 성경에 마음 읽기는 보이지 않는다. 마음 읽기 하는 방법도 배운 적 없다. 그렇다고 마음 읽기가 해도 되고 안 해도 되는 것 아니다. 마음을 읽을 수 있는 훈련을 해야 한다.

묵상할 본문의 등장인물은 반드시 어떠한 행동을 취한다. 그런 행동을 하게 된 배경과 동기를 찾아내면 된다. 그런 행동을 취할 때 마음이 어떤가를 생각하면 된다.

그렇다고 그들의 마음을 내 마음과 동일시해서는 안 된다. 등장인물의 마음은 모두 다르다. 그 자체의 마음 읽기를 하면 된다. 마음 읽기를 하면 반드시 묵상이 감동으로 넘친다.

등장인물 한 명만 분석해도 된다. 더 좋은 마음 읽기는 두 명 혹은 세 명을 비교 분석하는 것이다. 그럼 깊숙이 숨겨져 있어 보이지 않았던 마음을 읽을 수 있다.

📖 마음 읽기, 어떻게 해야 하는가?

여호수아 9장 1-15절에 나타난 '여호수아의 마음 읽기'를 하면 아래와 같다.

이 일 후에 요단 서쪽 산지와 평지와 레바논 앞 대해 연안에 있는 헷 사람과 아모리 사람과 가나안 사람과 브리스 사람과 히위 사람과 여부스 사람의 모든 왕들이 이 일을 듣고 모여서 일심으로 여호수아와 이스라엘에 맞서서 싸우려 하더라 기브온 주민들이 여호수아가 여리고와 아이에 행한 일을 듣고 꾀를 내어 사신의 모양을 꾸미되 해어진 전대와 해어지고 찢어져서 기운 가죽 포도주 부대를 나귀에 싣고 그 발에는 낡아서 기운 신을 신고 낡은 옷을 입고 다 마르고 곰팡이가 난 떡을 준비하고 그들이 길갈 진영으로 가서 여호수아에게 이르러 그와 이스라엘 사람들에게 이르되 우리는 먼 나라에서 왔나이다 이제 우리와 조약을 맺읍시다 하니 이스라엘 사람들이 히위 사람에게 이르되 너희가 우리 가운데에 거주하는 듯하니 우리가 어떻게 너희와 조약을 맺을 수 있으랴 하나 그들이 여호수아에게 이르되 우리는 당신의 종들이니이다 하매 여호수아가 그들에게 묻되 너희는 누구며 어디서 왔느냐 하니 그들이 여호수아에게 대답하되 종들은 당신의 하나님 여호와의 이름으로 말미암아 심히 먼 나라에서 왔사오니 이는 우리가 그의 소문과 그가 애굽에서 행하신 모든 일을 들으며 또 그가 요단 동쪽에 있는 아모리 사람의 두 왕들 곧 헤스본 왕 시혼과 아스다롯에 있는 바산 왕 옥에게 행하신 모든 일을 들었음이니이다 그러므로 우리 장로들과 우리 나라의 모든 주민이 우리에게 말하여 이르되 너희는 여행할 양식을 손에 가지고 가서 그들을 만나서 그들에게 이르기를 우리는 당신들의 종들이니 이제 우리와 조약을 맺읍시다 하라 하였나이다 우리의 이 떡은 우리가 당신들에게로 오려고 떠나던 날에 우리들의 집에서 아직도 뜨거운 것을 양식으로 가지고 왔으나 보소서 이제 말랐고 곰팡이가 났으며 또 우리가 포도주를 담은 이 가죽 부대도 새 것이었으나 찢어지게 됐으며 우리의 이 옷과 신도 여행이 매우 길었으므로 낡아졌나이다 한지라 무리가 그들의 양식을 취하고는 어떻게 할지를 여호와께 묻지 아니하고 여호수아가 곧 그들과 화친하여 그들을 살리리라는 조약을 맺고 회중 족장들이 그들에게 맹세하였더라(수 9:1-15).

등장인물의 심리묘사를 하면 다음과 같다.

여호수아는 자신이 하나님으로 각인 된 사람이라고 여겼다. 그래서 자신만만했다. 어떤 경우든 철저한 신앙으로 무장되어 있다고 확신했다. 그래서 어떤 문제도 자기 선에서 처리하면 되는 줄 알았다. 그 마음이 어느 새 교만해져 있는 줄 몰랐다.

여호수아는 기브온 사람들을 보자마자, 인간의 눈으로 바라보았다. 이미 그 눈에는 하나님의 눈이 없었다. 그래서 어떻게 할지를 여호와께 묻지 않았다. 그는 옳게 판단했다고 자신했을 것이다. 그리고 하나님께서 기뻐하실 것이고 믿었다. 결정 장애가 아니라는 것을 보여주었을지 모른다. 하지만 자기 결정이 오류투성이라는 것을 보여주지 못했다.

여호수아는 기브온의 불쌍함만 보았다. 자신이 이미 불쌍해져 있는 것을 보지 못했다. 자신도 도움을 받아야 하는 사람인데, 도와줄 생각만 했다. 기브온 사람의 초라함만 보였다. 자기 영혼의 더 초라함을 보지 못했다. 이미 영적인 눈이 가려져 있었다. 그리고 영적인 척 했다. 하나님의 결정이 아니라 자기 결정으로 일을 처리했다. 당장만 보았지, 나중을 보지 못했다.

여호수아의 신앙은 하나님으로부터 출발해야 하는데, 자기로부터 출발했다. 자기는 자신만의 대표가 아니라 이스라엘 전체의 대표라는 사실을 망각했다. 그래서 경솔한 행동을 스스럼없이 했다. 만약에 이스라엘 대표라고 인지했다면 한 번 더 생각하고, 한 번 더 기도했을 것이다. 여호수아는 자신이 누구인지를 잊었다. 그저 실수투성이 사람이다. 그리고 하나님의 도움으로만 살 수 있는 사람이다. 그러므로 그는 하나님께 묻는 것을 숨 쉬듯이 해야 했다.

6. 창조적 묵상법의 실례 4: '그때'와 '지금'을 연결하라

큐티를 할 때는 두 가지 질문을 한다.

첫째, 하나님은 어떤 분이신가?
둘째, 내게 주시는 교훈은 무엇인가?

여기서 "내게 주시는 교훈은 무엇인가?"는 적용이다. 적용은 "내게 주시는 교훈은 무엇인가?"도 되지만, '그때'와 '지금'을 연결하면 더 실제적인 적용이 된다.

📖 '그때'와 '지금'으로 적용하라

묵상은 적용을 통한 변화를 꾀한다. 그러려면 당시 정황을 알아야 한다. 더 나아가 지금의 상황과 연결해 주면 말씀을 벗어나지 않으면서도 아주 적절한 적용이 된다. 창조적 성경 묵상법으로 묵상할 때 '그때'와 '지금'으로 적용하면 남다른 적용이 된다.

그 밖에도 묵상을 통해 적용할 수 있는 방법들은 많다. 그 적용 방법들은 아래와 같다.

① 그때와 지금 연결하기

② 현실과 연결하기

③ 한 번 더 깊이 들어가기

④ 청중이 원하고 바라는 것이 무엇인지를 설명하기

⑤ 윤리적, 교훈적 적용하기

⑥ '단어'가 아니라 '메시지'로 적용하기

적용이 구이지학(口耳之學)[2]에 머물러서는 안 된다. 삶에서 향기를 풍겨 큰 영향을 미칠 수 있을 정도가 돼야 한다. 적용이 향기를 풍기려면 구체적이고 실천적이어야 한다. 적용이 향기를 풍기려면 아래와 같아야 한다.

첫째, 구체적이어야 한다.

둘째, 현실적이어야 한다.

셋째, 청중이 행동으로 옮길 수 있는 충분한 가능성이 있어야 한다.

📖 '그때'와 '지금'의 적용 실례

삶에서 중요한 것은 현재이다. 반면 설교에서 중요한 것은 적용이다. 적용은 언제나 현재적이다. 현재적인 적용의 근거는 말씀이다.

---

[2] 남에게 들은 것을 그대로 남에게 전할 정도밖에 되지 않는 천박한 학문.

그래서 '그때'와 '지금'은 본문과 연결된다.

성경은 구약의 선지자들과 신약의 사도들에 의해서 쓰였다. 지금으로부터 적어도 2,000년 전에 쓰였다. 그럼에도 그 말씀은 현대를 살아가는 사람들에게도 동일하게 적용돼야 한다. 그렇지 않으면 그 말씀은 청중과 관련이 없게 된다. 그때와 지금의 적용 실례는 아래와 같다.

(1) 창세기 12장 10절

> 그 땅에 기근이 들었으므로 아브람이 애굽에 거류하려고 그리로 내려갔으니 이는 그 땅에 기근이 심하였음이라(창 12:10).

이 본문에서 그때와 지금의 연결은 다음과 같이 할 수 있다.

> 그때: 기근이 심했기에 애굽으로 내려갔다.
> 지금: 삶의 터전을 떠나는 경우는 다양하다.

신앙인의 삶의 터전은 교회다. 신앙인이 교회는 떠나는 경우 중 하나는 삶의 기근이 아니라 영적 기근이다. 즉, 말씀의 기근이다.

교회가 말씀이 풍성하다고 한다. 하지만 들을 것이 없는 것은 풍성함이 아니라 영적 기근이다. 또한 들어도 마음이 채워지지 않으면 영적 기근이다.

영적 기근은 삶의 극심한 고난이다. 경제적으로 힘든 것도 고난이지만 성도에게 가장 큰 고난은 영적 고난이다. 경제적으로 어려우면 가난하게 살면 된다. 하지만 영적 고난이 오면 가난하게 살고 싶어도 살 수 없다. 참고 살 수도 없다. 대안이 없기에 버틸 수 없다. 그럼 살길을 찾아야 한다.

영적 기근이 오면 대안을 찾기 힘든 것은 영적 무기력으로 이어지기 때문이다. 영적으로 먹을 것이 없으면 먹을 것을 찾아 정처 없이 떠돈다. 이단, 삼단 가리지 않는다. 채워 줄 곳만이 필요하기 때문이다.

영적 기근은 영적 고난으로 이어진다. 영적 고난에 오면 삶의 기준이 바뀐다. 하나님에서 자기로 바뀐다. 영적인 것에서 육적인 것으로 바뀐다. 그러므로 영적 기근이 오기 전에 영적 목마름을 채워야 한다.

영적으로 목마르면 영적 도피처를 찾아야 한다. 영적으로 살기 위해 찾아야 한다. 그 살길은 세상에 없다. 하나님의 품안에 있다.

아브라함은 애굽으로 내려갔다. 결과는 실패였다. 이는 하나님 없는 길이었기 때문이다. 성도는 기근을 피할 때 조건이 분명해야 한다. 하나님이 계신 곳이어야 한다.

(2) 사사기 9장 18-21절

> 너희가 오늘 일어나 우리 아버지의 집을 쳐서 그의 아들 칠십 명을 한 바위 위에서 죽이고 그의 여종의 아들 아비멜렉이 너희 형제가 된다고 그를 세워 세겜 사람들 위에 왕으로 삼았도다. 만일 너희가 오늘 여룹바알과 그의 집을 대접한 것이 진실하고 의로운 일이면 너희가 아비멜렉으로 말미암아 기뻐할 것이요 아비멜렉도 너희로 말미암아 기뻐하려니와 그렇지 아니하면 아비멜렉에게서 불이 나와서 세겜 사람들과 밀로의 집을 사를 것이요 세겜 사람들과 밀로의 집에서도 불이 나와 아비멜렉을 사를 것이니라 하고 요담이 그의 형제 아비멜렉 앞에서 도망하여 피해서 브니엘로 가서 거기에 거주하니라 (삿 9:18-21).

이 본문에서 그때와 지금의 연결은 다음과 같이 할 수 있다.

> 그때: 세바와 살문나가 모든 악행을 그치고 죽음을 맞이할 때이다.
> 지금: 삶은 끝이 중요하다.

어떤 사람은 과정이 중요하다고 한다. 과정 다음에 끝이 있기 때문이다. 인생의 끝을 결정하는 것은 두 가지다.

첫째, 하나님의 이끄심이다.
둘째, 인간의 행위다.

끝을 결정하는 것에 인간의 행위가 크게 작용한다. 하지만 결론을 내리는 분은 하나님이시다. 우리는 끝이 어떻게 될 것인가를 생각하고 살지 않는다. 지금 내게 유익이 되는가를 보고 살아간다. 이는 어리석은 것이다.

고수의 삶과 하수의 삶에 차이가 있다. 하수의 삶은 오늘을 통해 내일을 살아간다. 하지만 고수의 삶은 내일을 통해 오늘을 살아간다. 고수는 인생의 끝을 생각하면서 오늘 어떻게 살 것인가를 결정한다.

사람들이 끝을 제대로 보지 않고 사는 이유가 있다. 꾸밈으로 삶을 살기 때문이다. 성도는 삶과 신앙을 가꾸어야 한다. 보이는 부분이 아니라 보이지 않는 부분을 가꾸어야 한다. 그럴 때 아름다운 끝을 만들어 갈 수 있다.

3) 제목의 '그때'와 '지금' 연결

앞에서는 본문으로서의 '그때'와 '지금'을 연결을 어떻게 하는가를 보았다. 이번에는 제목의 '그때'와 '지금' 연결을 어떻게 하는가를 살펴보고자 한다. 설교 제목은 "세상에는 물음표를 던져야 하지만 예수님께는 느낌표를 붙여야 한다"이다.

그때: 예수님 당시 사람들이 말씀을 듣고 예수님이 그리스도인가에 대해서 느낌표 대신 물음표를 적었다.

지금: 세상은 예수님께 대해 '좋은 사람'이라고 할 때는 마침표를 적

는다. 하지만 '메시아'라고 하면 거부권을 행사한다.

그렇다면 성도들은 어떤가?

예수님을 메시아로 고백하는 사람의 숫자가 줄고 있다. 그 이유는 자기 삶에 느낌표가 아니라 물음표를 던지기 때문이다.

예수님을 인격적으로 만난 성도들은 언제나 예수님에 대해서 느낌표를 찍는다. 예수님을 생각할 때마다 설렘과 감격이 넘치기 때문이다.

종교인은 물음표를 던진다. 이유는 하나다. 자기 삶을 예수님께 던질 분명한 이유를 여전히 발견하지 못했기 때문이다.

신앙은 고민이라는 물음표를 찍는 것이 아니다. 한결같이 예수님의 사랑에 대한 느낌표를 찍는 것이다. 예수님은 믿을까 말까의 고민 대상이 아니다. 여전히 고민 속에 빠져 있으니 느낌표가 빠진 물음표만 계속해서 던진다. 회의와 의문이 가득한 채 살아간다. 그 결과 삶이 물음표의 연속이다.

성도란 이런 사람이어야 한다. 세상에 대해서는 물음표를 던져야 한다. 하지만 예수님에 대해서는 느낌표를 찍어야 한다.

7. 창조적 묵상법의 실례 5: 낯설게 적용하기

'낯설게 적용하기'(메시지 만들기)는 낯설고 신선한 적용을 하기 위함이다. 설교에서 중요한 것 중 하나가 적용이다. 많은 설교에서 분량이 많은 것이 설명이다. 그 대신 가장 적은 것이 적용이다.

찰스 스펄전(Charles H. Spurgeon)은 말했다.

"적용이 시작되는 곳에서 설교가 시작된다."

설교자들은 설교를 할 때 적용하기 위해 설교를 해야 한다. 그런데 많은 설교가 해석과 그 해석에 대한 설명으로 가득하다. 그럼 청중은 자신과 상관없는 남의 이야기로 받아들인다. 설교는 청중 자신의 이야기가 돼야 한다. 청중의 이야기가 될 때 비로소 청중은 설교에 관심을 보이고 설교를 삶에 적용한다.

설교에서 적용이 중요한 것은, 설교가 청중의 삶의 변화로 이어져야 하기 때문이다. 아무리 좋은 말씀도 행동으로 이어지지 않으면 가치가 없다. 좋은 말 듣는다고 변화되지 않는다. 들려진 말씀을 행동으로 옮기겠다고 해야 한다.

세상에서 행동하는 사람은 극소수다. 한 통계에 따르면 "행동하는 2%의 사람이 행동하지 않는 사람 98%를 지배한다"라고 했다. 생각과 말만 하는 사람이 98%나 되는 반면 행동하는 사람은 2%에 불과하다는 것이다. 결국 세상을 지배하는 사람은 행동하는 '동사형 인간'이다.

그리스도인도 '명사형 인간'이 아니라 '동사형 인간'이어야 한다. 적용이 중요한 것은 설교를 들은 청중을 동사형 인간으로 만들기 때문이다. 설교는 언제나 적용 중심적이어야 한다. 청중 개인과 연결될 수 있도록 설명적인 설교가 아니라 적용적인 설교여야 한다.

많은 설교자들이 적용을 권면으로 한다. 적용이 권면이라면 식상하다. 결국 적용이 신선하거나 낯설지 않다. 그럼 청중이 삶으로 연결하려고 무리하게 애써야 한다. 그러므로 적용은 신선하고 낯설게는 물론 삶으로 이어질 수 있도록 해야 한다.

📖 '낯설게 적용하기'를 어떻게 해야 하는가?

낯설게 적용하기는 두 단계를 통해서 한다.

첫째, 본문의 핵심 단어를 선정하는 것이다.
둘째, 핵심 단어를 메시지로 만드는 것이다.

핵심 단어를 선정한 뒤, 낯설게 적용하기를 하는 것은 만만치 않다. 하지만 두 단계를 거치면 만드는 데 어렵지 않다.

첫째 단계: 이유(목적)를 찾는다.

둘째 단계: 유익을 찾는다.

예를 들면, 핵심 단어를 '신앙생활'로 선정하면, 먼저 신앙생활에 대한 이유(목적)를 찾는다. 신앙생활의 이유는 '하나님 만나기 위함'이다. 그다음, 하나님을 만나면 주어지는 유익(축복)이 있다. 그것은 삶의 활력을 준다는 것이다.

그러므로 낯설게 적용하기는 '행복한 삶 만들기'다. 삶에 활력이 있으면 행복한 삶이 만들어지기 때문이다.

📖 '낯설게 적용하기'의 실례

'메시지 만들기'는 설교가 이해나 머릿속에서 머물지 않고 행동할 수 있도록 하는 데 있다. 어떤 것이든 먼저 청중의 관심을 끌어야 한다. 청중의 관심을 끌지 못하면 안 된다. 그렇다고 청중의 관심에서 머물러서는 안 된다. 청중이 헌신할 수 있도록 해야 한다.

"하나님의 관점을 가지라"는 제목의 설교라면, 보통의 경우 다음과 같이 적용하게 된다.

하나님의 시선을 가져야 한다.
하나님의 마음을 가져야 한다.
하나님께서 원하시는 사람이 돼야 한다.

이와 같은 적용은 "하나님의 관점을 가지라"는 말을 반복한 것에 불과하다. 창의적 적용이 되지 못하면 부연 설명에 그친다.

하지만 "하나님의 관점을 가지라"로 메시지를 만들면 다음과 같다.

> "하나님을 보여주어라"
>
> 성도가 세상에 사는 이유가 있다. 하나님을 보여주는 것이다. 예수의 십자가가 위대한 것은 하나님을 보여준 것이다. 바울의 삶을 본받아야 하는 이유는 다른 것이 아니라 예수님을 삶으로 보여주었기 때문이다. 하나님의 관점을 갖는 것은 다른 것이 아니다. 하나님을 보여주는 것이다. 하나님을 말로 설명하는 것은 보여주는 것이 아니다. 어쩌다 한 번 보여주는 것도 보여주는 것 아니다. 어떤 상황에서도 하나님이 모습이 삶에서 그대로 그려지는 것이 하나님을 보여주는 것이다.

고린도전서 10장 7절에 "그들 가운데 어떤 사람들과 같이 너희는 우상 숭배하는 자가 되지 말라"고 한다. 여기서 핵심 단어가 "우상 숭배하는 자가 되지 말라"이다.

이 핵심 구절에 대해 설교자들은 우상을 섬기지 말라고 적용한다. 그러면서 우상의 종류를 설명해 준다.

"세상을 사랑하지 말라."

"돈이 하나님보다 앞서게 하지 말라."

"자녀가 우상이 되지 말라."

위와 같이 적용하면 청중은 마음이 불편하다. 이런 식의 적용은 청중이 지킬 수 없다. 도리어 부담만 가중된다. 더 나아가 성경이 자기 삶을 옥죈다고 생각한다.

'낯설게 적용하기'를 통해 적용하면 살아가야 할 삶을 구체적으로 제시받는다. 그렇게 살아가지 않으면 안 될 정도로 강력한 설득을 당한다. 더 나아가 어떻게 살아갈 것인가에 대해 스스로 답을 찾아 살아간다.

"우상을 섬기지 말라"를 메시지로 만들면 아래와 같이 된다.

> "자기 소속을 분명하게 하라"
> 자기 소속을 분명하게 하는 것은 당연하게 여겼던 신앙의 모습이 아니라 전과 달라진 신앙의 모습을 보여주는 것이다. 우상을 섬기는 것은 소속이 분명하지 않아서 생긴다. 소속이 분명하면 우상을 섬기지 않는다. 마음이 이쪽저쪽으로 왔다 갔다 하는 것은 소속이 분명하지 않아서 그렇다. 그러므로 자신이 하나님의 소속임을 분명해야 한다. 그럼 절대 다른 곳에 눈길 주지 않는다. 갈등하는 일이 없고, 눈치도 보지 않는다. 그러므로 하나님의 자녀라는 소속을 분명하게 해야 한다.

이와 같이 설교란 고대에 주어진 본문을 오늘의 신앙 공동체, 즉 청중을 위하여 해석하는 것이다. 설교는 '그때 그리고 그들'에게 주어진 본문을 '여기 그리고 지금'의 청중에게 연결하는 행위다. 이런 적용법은 청중이 본문에 적극적인 참여토록 만들어 준다.

이와 같이 설교를 통하여 본문과 청중 사이에 구체적인 접촉이 이루어지도록 하는 것이 설교의 적용이다. 그러므로 어떤 점에서는 설교 그 자체가 적용 행위다. 그 적용이 스스로 답을 찾아갈 수 있도록 하는 것이 설교자의 임무다.

제4장

묵상에서 설교를 어떻게 연결할 것인가?

1. '성경 읽기'가 묵상을 결정한다

사물을 대하는 태도에 따라 사물이 달리 보인다. 마찬가지로 성경을 어떻게 읽느냐에 따라 묵상이 달라진다. 설교자가 묵상을 어느 정도 소중하게 생각하느냐에 따라 묵상의 가치가 결정된다.

묵상의 가치가 소중하면 성경 읽기도 소중해진다. 성경 읽기가 소중해야 한다. 그럴 때 성경을 '스킵'(skip)으로 읽지 않고 '생각하기'로 읽게 된다.

📖 성경 읽기를 하되, 보물을 만드는 성경 읽기를 하라

오래된 물건이 있다. 그런데 이 물건이 누구에게는 버려질 고물이 되지만 누구에게는 보물이 된다. 그것은 물건을 바라보는 사람의 눈에 따라 결정된다. 눈이 보배이면 버려진 것도 보물로 만들 수 있지만, 보는 눈이 보배가 아니면 고물로 전락시킨다.

성경을 보는 설교자의 눈이 중요하다. 설교자의 눈에 따라 성경이 보물이 되기도 하고 고물과 같이 쓸모없게 될 수도 있기 때문이다. 설교자는 성경을 고물이 아니라 보물로 만들 의무가 있다. 묵상은 세상 사람들에게 성경이 보물이라는 것을 알려주는 최상의 방법이다.

묵상이 보물이 되느냐 고물이 되느냐를 결정한다면, 묵상할 때 중요한 것은 어떻게 하느냐가 아니라 어떻게 읽느냐이다. 성경에 가치가 부여된 묵상가는 성경을 마음 모아서 읽는다. 성경을 읽되 유심히 관찰하며 읽는다. 전후 문맥은 물론 행간까지도 읽고자 한다.

그 결과 성경 읽기가 관찰에 그치지 않고 통찰까지 이어진다. 관찰이 깊이가 뭔지를 찾는 것이라면, 통찰은 내용을 깊숙이 꿰뚫어 보는 것이다. 성경 읽기는 관찰로 시작해 통찰까지 가야 한다. 그럴 때 어떠한 성경 이야기도 보물이 된다.

성경을 읽는다는 것은 눈으로 읽거나 소리를 내서 읽는 책 읽기가 아니다. 유심히 관찰해 통찰까지 이어지도록 읽는 것이다. 그럼 성경이 예사로 보이지 않는다. 남다르게 보인다. 한시도 눈에서 뗄 수 없는 가장 가까운 관계가 형성된다.

📖 성경 읽기는 삶을 축제로 만들어 준다

성경 읽기를 하는 목적은 읽는 자를 살리는 것이다. 그래서 성경 읽기는 곧 사람 살리기다. 성경을 읽으면 생명의 역사가 일어난다.

사람을 살리려면 성경을 읽되 심혈을 기울여서 읽어야 한다. 어떻게 읽느냐에 따라 성경은 한낱 세계에서 가장 많이 팔리는 베스트셀러에 불과하기도 하고, 사람과 세상을 바꾸는 생명의 책이 되기도 한다.

하나님의 백성이 세상을 살아가면서 반드시 해야 할 일 세 가지가 있다.

첫째, 세상에서 분깃을 얻기 위해 일해야 한다.
둘째, 성경을 읽어야 한다.
셋째, 기도해야 한다.

위 셋 중에 중심에 있는 것이 성경 읽기다.
그렇다면 성경을 어떻게 읽어야 삶에서 보물이 될 수 있는가?
성경 읽기를 '숙제'가 아니라 '축제'로 만들어야 한다. 많은 사람들이 성경을 읽으면 잠이 잘 온다는 투로 말한다. 성경이 숙제보다 못한 것이다. 성경 읽기가 축제로 되려면 꿀과 같이 달콤해야 한다. 읽고 읽으면 더 읽고 싶어져 결국 성경 읽기가 축제가 된다.
성경을 읽을 때 갖춰야 할 자세가 있다. 하나님을 지극히 사랑하는 자세다. 그러므로 설교자는 성경을 '숙제'로 읽는 것이 아니라 '사랑'으로 읽어야 한다. 그 이유는 성경을 사랑으로 읽으면 생명을 살리는 읽기가 되기 때문이다. 과업 달성으로 읽으면 생명을 죽이는 읽기가 될 뿐이다.
설교자의 성경 읽기는 생명을 살리는 읽기가 기본이다. 한 생명이 살아나면 세상이 생명으로 가득 차기 때문이다.
주부들은 겨울만 되면 매번 김장을 한다. 그런데 이 김장이 누구에게는 축제가 되는데 누구에게는 숙제가 된다. 이왕 하는 것 가족의 영양을 채우는 축제가 돼야 한다. 그래야 김장 김치가 맛있다. 반대로 김장을 숙제로 하면 김장하는 것이 부담스럽기만 하다.

성경 읽기도 김장을 하는 것과 똑같다. 어떤 사람에게는 성경 읽기가 축제이지만 어떤 사람에게는 성경 읽기가 숙제이다. 이왕 하는 것 축제가 되도록 읽어야 한다. 하나님을 만나고 싶은 간절함으로, 생명을 살린다는 기대감으로 성경을 읽으면 축제가 된다. 하지만 어쩔 수 없이 읽으면 숙제가 된다.

설교자의 성경 읽기는 축제의 시간이 되도록 읽어야 한다. 그럴 때 묵상이 청중을 살리는 묵상이 된다. 묵상이 세상을 살리는 동력이 된다.

📖 성경 읽기의 두 가지, '좋은 성경 읽기'와 '위대한 성경 읽기'

성경 읽기에는 두 가지가 있다.

첫째, '좋은 성경 읽기'다.
둘째, '위대한 성경 읽기'다.

누구나 '위대한 성경 읽기'를 원한다. '좋은 성경 읽기'와 '위대한 성경 읽기'의 차이점이 있다. '좋은 성경 읽기'는 읽는 자의 만족함이라면, '위대한 성경 읽기'는 하나님을 만족하게 하는 읽기다. 설교자의 성경 읽기가 하나님을 만족시키는 읽기가 되는 것은 어렵지 않고 쉽다. 많이 읽으면 된다. '창조적 성경 묵상법'에서는 처음 성경을 읽을 때 20번 이상 읽기를 권한다. 20번 이상 읽기란 성경을 읽은 뒤 성경책을 덮었을 때 그 내용의 80% 이상을 기억할 정도의 읽기다.

성경 20번 읽기가 정답은 아니다. 그저 최소한의 읽기일 뿐이다. '창조적 성경 묵상법'에서는 100번 이상 읽기를 목표로 한다. 그것은 '좋은 성경 읽기'가 아니라 '위대한 성경 읽기'가 목표이기 때문이다.

성경을 많이 읽는 것은 '위대한 성경 읽기'를 위함이다. '위대한 성경 읽기'는 남과 확 다른 읽기의 방법이라 할 수 있다. 설교자의 성경 읽기는 '좋은 성경 읽기'에 그치지 않고 '위대한 성경 읽기'까지 도달해야 한다. 그럴 때 성경 읽기가 설교로 연결된다. 성경 읽기가 사람을 살리는 읽기가 된다.

📖 '위대한 성경 읽기'가 생명을 살린다

우리는 성경을 읽을 때 '위대한 성경 읽기'를 해야 한다. 세상 사람들도 책을 읽을 때 '위대한 읽기'의 방법으로 읽는다. 한국인이 가장 존경하는 세종대왕은 '위대한 읽기'를 했다. 세종대왕은 한 책을 기본적으로 100번 읽었다. 구양수(歐陽脩)와 소동파(蘇東坡)가 쓴 편지글을 모은 책 『구소수간』(歐蘇手簡)은 1,100번 읽었다고 한다. 우암 송시열도 「호연지기」(浩然之氣)를 500번, 병전(兵典)을 1,000번 읽었다.

세상 사람들도 마음의 양식인 책을 '좋은 읽기'가 아니라 '위대한 읽기'로 읽는다. 그렇다면 생명을 살리는 말씀을 묵상하는 설교자는 당연히 '위대한 성경 읽기'를 해야 한다.

많이 읽기란 무턱대고 많이만 읽으라는 것이 아니다. 말씀을 깊고 낯설게 볼 수 있는 안목이 생길 때까지 읽는 것이다. 무턱대고 많이 읽는 것은 그저 '좋은 성경 읽기'일 뿐이다. 설교자는 말씀 속으로 들어가, 말씀과 하나가 된 상태가 될 때까지 읽어야 한다. 그럼 말씀에 깊이 빠져들고, 남들이 보지 못하는 가치를 발견할 수 있는 '위대한 성경 읽기'로 읽게 된다.

📖 하나님이 당신 안에 깊이 잠길 때까지 읽으라

성경을 읽을 때 한 가지 원칙이 있어야 한다. '지금보다 더 읽지 못해 아쉬워하는 읽기'를 해야 한다. 그럴 때 생각지도 못한 생각이 떠오른다.

로댕(Auguste Rodin)의 조각품은 인간을 '생각하는 사람'으로 그렸다. 맹자도 "마음의 기능은 생각하는 것이다"라고 했다. 맹자는 덧붙여 말하길, '생각하면 얻는 것이 있지만 그렇지 않으면 얻는 것이 없다"라고 했다. 읽기를 하는 목표는 생각하기 위해서다. 성경 읽기도 마찬가지다.

기원전 645년에 살았던 제나라 재상인 관중도 이렇게 말했.

"생각하고, 생각하고, 또 생각하라. 그러면 귀신도 통할 것이다.

그러나 이는 귀신의 힘이 아니라 정신의 극치이다."

책을 읽는 사람에게 대해 "읽기만 하는 바보"라는 말을 한다. 이 말은 그가 다섯 수레 정도 되는 책을 줄줄 외우고도 그 의미를 전혀 모르기 때문이다. 독서의 목적은 생각하는 것이기 때문이다.

독서에서 생각이 빠진 독서는 헛것이요 가짜다. 그러므로 생각하는 읽기가 올바른 읽기다. 묵상이란 뜻에는 이미 '생각하다'라는 의미가 담겨 있다. 그러므로 성경 읽기의 목적은 생각하도록 하는 읽기여야 한다.

다윗이 시인이 될 수 있었던 것은 하나님의 말씀을 읽으며 많이 생각했기 때문이다. 바울이 하나님께 위대하게 쓰임 받은 것은 하나님 생각을 많이 했기 때문이다. 언제나 생각을 많이 하는 사람은 위대한 사상가가 된다. 조선 시대의 위대한 사상가 중 한 명인 퇴계 이황의 말을 빌려보자.

"뜻을 읽는 것은 반드시 밤에 궁리하고 탐구해야 한다."

퇴계는 읽은 것은 읽은 것에 그치지 않고 반드시 생각하고 탐구해야 된다고 말했다. 성경 읽기는 많이 읽기에 그치면 안 된다. 읽은 것 이상으로 생각해야 한다. 다상량(多商量)이 결국 하나님의 말씀 읽기를 결정한다.

사람의 불행은 실수 때문이 아니라 생각하지 않기 때문이다. 그래서 잠언 기자는 다음과 같이 말했다.

묵시가 없으면 백성이 방자히 행하거니와 율법을 지키는 자는 복이 있느니라(잠 29:18).

성경을 읽으면 저절로 생각이 시작된다. 성경을 단순히 읽고자 하지 말고 읽는 동시에 생각하면서 때론 곱씹으면서 읽어야 한다. 그럼 생각하는 힘이 길러진다.

2. '몰입 읽기'까지 이끌어라

종교개혁가 마틴 루터(Martin Luther)가 한 경고가 있다.

> 당신이 성경 말씀을 한두 번 읽고, 듣고, 말했을 때 피곤해지거나 충분히 했다고 생각지 말라. 오히려 완전한 이해가 올 때까지 계속하라.

루터는 성경을 충분히, 즉 몰입해서 읽을 것을 이야기하고 있다. 몰입해서 읽으면 '아쉬운 읽기'가 아니라 '충분한 읽기'가 되기 때문이다. 충분히 읽기가 몰입 읽기를 하도록 해준다.

설교를 위해 묵상할 때 다섯 번 읽기 쉽지 않다. 즉, 충분한 읽기가 아니라 어설픈 읽기를 하게 된다. 어쩌면 설교자들은 성경이 아니라 설교집을 몰입해서 읽는다.

설교자들은 성경 본문을 한두 번 읽는 '의무적 읽기'로 그치면 안 된다. 성경은 '의무적 읽기'의 대상이 아니라 '사명적 읽기'의 대상이기 때문이다. 이 '사명적 읽기'가 루터가 말한 '충분한' 읽기다.

'사명적 성경 읽기'는 '몰입 읽기'를 목적으로 한다. '몰입 읽기'를 하면 말씀의 깊은 광맥을 파낼 수 있다. '몰입 읽기'란 말씀에 푹 잠기는 것을 말한다.

몰입 읽기의 장점이 있다. 몰입 읽기를 하면 하나님의 말씀을 설교하고 싶은 불타오르는 목표 지향 메커니즘이 작동한다. 결국 두뇌 시냅스(synapse)가 활성화되어 목적한 바를 이루게 한다. 설교자들은 성경 묵상을 위한 읽기를 할 때 몰입 읽기가 되도록 해야 한다.

'긍정심리학'의 대표 학자인 미하이 칙센트미하이(Mihaly Csikszent-mihalyi)는 몰입하기 위해서는 세 가지 태도를 취해야 한다고 말한다.

첫째, 목표가 명확해야 한다.
둘째, 일의 난이도가 적절해야 한다.
셋째, 결과의 피드백이 빨라야 한다.

이와 같이 말한 이유가 있다. 목적이 없으면 명백한 결과를 기대하기 어렵기 때문이다.

📖 몰입 읽기를 하려면 뇌를 긴장시켜야 한다

몰입 읽기가 어려운 것은 사람이 뇌를 긴장시키기 싫어하기 때문이다. '몰입 읽기'를 하려면 뇌를 긴장시켜야 한다. 몰입 읽기는 뇌를 긴장시킬 때 가능해진다.

몰입해서 읽을 때 뇌는 비상사태를 선포하고 이 문제를 해결하는

데 온 힘을 쏟는다. 그와 같은 몰입 상태에서는 두뇌 활용이 극대화될 뿐만 아니라, 가장 빠른 속도로 사고력이 발전한다.

일단 몰입 상태에 도달한 이후에는 조금만 집중력을 높여도 최대의 집중 상태를 경험하게 된다. 100% 몰입 상태가 되면, 잠에서 깨어날 때 혹은 잠에서 깨어 의식이 돌아올 때 이미 그 말씀을 생각하게 된다.

'몰입 읽기'를 하면 두 가지 효과가 나타난다.

첫째, '깊이 읽기'가 된다.
둘째, '낯설게 읽기'가 된다.

설교자에게 성경은 아주 익숙하다. 익숙한 것을 낯설게 하기 위해서는 몇 배의 몰입이 필요하다. 익숙한 것은 습관화로 이어진다. 익숙한 읽기를 낯설게 읽기로 바꾸려면 처음 읽는 것처럼 읽어야 한다. 어떤 것이든 익숙한 것을 낯설게 읽는 것이 관건이다. 그럴 때 성경 읽기의 기대감이 증폭된다.

기대감의 여부가 가독성을 결정한다. 기대감이 높아지면 가독성도 높아진다. 가독성이 높아지면 시각이 새로워진다. 그럼 평범한 읽기가 역사적 읽기로 바뀐다.

익숙한 읽기로는 귀한 가치를 발견하기 어렵다. 그러므로 '낯설게 읽기' 위한 자기만의 방법을 찾아야 한다. 그러기 위해 끊임없이 뇌를 긴장시켜야 한다.

📖 하나님께서 말씀하실 때까지 읽으라

'낯설게 읽기'는 신선하게 읽기만을 의미하지 않는다. '낯설게 읽기'는 하나님께서 말씀하시도록 읽기다. 대부분 성경 읽기는 하나님의 말씀하시기가 아니라 깨닫기다. 깨닫기로의 읽기도 중요하다. 하지만 성경 읽기의 목적이 아니다. 성경 읽기의 목적은 하나님께서 말씀하시도록 읽기다.

하나님께서 말씀하시도록 읽기는 '낯설게 읽기'를 할 때 될 수 있다. '낯설게 읽기'는 내가 읽는 것으로 되지 않는다. 하나님께서 성경을 읽어야 하고, 하나님께서 나를 읽어야 한다. 그래서 '낯설게 읽기'의 목적은 하나님께서 내게 말씀하시도록 하는 읽기다.

그럼 어떻게 읽을 때 하나님께서 말씀하시도록 읽을 수 있는가?

하나님께서 성경을 읽으실 때까지 내가 읽는 것이다. 몰입되지 않으면 내가 읽기만 한다. 몰입해서 읽으면 하나님께서 읽기 시작하신다. 몰입 읽기는 결국 인간으로 읽기가 아니라 하나님으로 읽기다.

하나님께서 성경을 읽어야 한다. 그럼 성경 읽기가 전과 확 달라진다. 이때부터 성경 읽기가 인간의 계획을 실현하는 것이 아니라 하나님의 뜻을 구현하는 것으로 바뀐다. 결국 하나님의 마음으로 성경 읽기를 하게 된다. 인간적인 말씀 묵상에서 하나님 묵상으로 나아간다.

3. 하나님의 관점이 당신이 가져야 할 관점이다

설교를 누구의 관점으로 하고 있는가?

아마 당신 자신의 관점으로 하고 있지 않을까 생각한다. 많은 설교자가 자기가 하고 싶은 말을 하기 때문이다. 하지만 설교자의 관점으로 설교를 하면 안 된다. 그것은 설교자는 하나님의 통로에 불과하다는 것을 잊고 있다는 반증이다.

수도 파이프는 역할이 정해져 있다. 물을 수원지에서 가정까지 흘러가도록 하는 통로 역할이다. 수도 파이프가 주제넘게 물이 흘러가지 못하는 역할까지 하면 안 된다.

설교자도 마찬가지다. 설교자는 하나님의 말씀이 청중에게 흘러가도록 하는 역할만 하면 된다. 그러므로 성경을 내 관점으로 읽으면 안 된다. 하나님의 관점으로 읽어야 한다. 그럴 때 묵상이 하나님께서 원하시는 묵상이 된다.

📖 당신이 설교하는 관점을 제대로 된 관점인가?

사람들이 성경을 읽는 때, 세 가지 관점으로 읽는다.

첫째, 나의 관점(나의 입장)이다.

둘째, 제3자의 관점(제3자 입장)이다.

셋째, 하나님의 관점(하나님의 입장)이다.

당신은 이 세 가지 관점 중에서 어느 관점으로 성경을 읽는가?

아마 대부분은 하나님의 관점으로 성경을 읽는다고 말할 것이다. 그러나 현실은 대부분 자기의 관점으로 성경을 읽는다. 인간은 자기중심적인 특징을 가지고 있기 때문이다. 인간은 언제나 자기중심적인 관점으로 성경을 읽는다. 사람들이 세상을 보는 프레임도 자기 프레임이다.

결론적으로 설교자는 자기 관점으로 성경을 읽는다. 그리고 제3자의 관점으로 설교를 한다. 하지만 설교자는 하나님의 관점으로 설교한다고 말한다.

설교자는 자기 관점으로 설교를 해서는 안 된다. 제3자의 관점으로 해서도 안 된다. 하나님의 관점으로 설교해야 한다.

📖 잘못된 관점이 주는 폐해

그렇다면 '관점'이란 무엇인가?

관점이란 사물이나 현상을 관찰할 때, 그 사람이 보고 생각하는 태도나 방향 또는 처지를 뜻한다. 그래서 관점에 따라 성경 해석과 설교 방향이 달라진다.

관점이 다르면 따라오는 것이 있다. 격렬한 논쟁과 싸움이다. 하나의 현상도 보수와 진보가 보는 관점이 확연하게 다르다. 최근 들어서 한 사건을 '친일파냐 빨갱이냐'의 관점으로만 본다. 설교자들도 하나님의 관점으로 보지 않는다. 세상과 다를 바 없이 '친일파냐 빨갱이냐' 두 관점 중 하나로 본다.

기독교는 하나님의 관점으로 봐야 한다. 진영 논리가 하나님의 가치관보다 앞섰다. 여기에 하나님은 없다. 그저 자기 사상만 있다. 이런 관점은 설교에서도 그대로 묻어난다.

전에는 한국교회 설교가 기복적이라 했다. 기복적인 관점도 하나님의 관점은 아니다. 마찬가지로 진영 논리의 관점도 하나님의 관점이 아니다. 이런 시각을 가진 설교자의 설교는 당연히 세상 논리의 한쪽으로 치우칠 수밖에 없다.

하루빨리 회복할 것이 있다. 하나님의 관점으로 성경을 읽는 것은 물론, 하나님의 관점으로 세상을 보는 것이다.

관점이 다르면 반드시 분열과 싸움으로 이어진다. 하지만 관점이 같으면 사랑과 평화가 넘친다. 그러므로 설교자는 관점을 통일해야 한다. 하나님의 관점으로 성경을 읽고 설교해야 한다. 그때 하나님께서 원하시는 설교를 할 수 있다.

📖 하나님의 관점으로 설교하라

설교자는 하나님의 말씀으로 설교한다.

하나님의 말씀이 교과서다. 그러므로 당연히 하나님의 관점으로 설교해야 한다.

하나님의 말씀만 전하면 온전한 하나님의 말씀이 되는가?

그렇지 않다. 하나님의 관점까지 갖춰야 한다.

설교하는 대상도 바른 관점을 지녀야 한다. 설교자는 설교를 청중에게 하는 것이 아니다. 자신에게 해야 한다. 자신에게 설교한 것을 청중에게 나누는 것이다. 그럴 때 그 설교가 청중을 변화시킬 수 있다.

하나님의 관점을 지니면 하나님이 무엇을 말씀하시고자 하는지를 생각하게 된다. 하나님께서 설교자에게 원하시는 것은 설교를 설교자 자신에게 먼저 하는 것이다.

설교자가 가져야 할 관점은 나의 관점도, 제3자의 관점도 아닌 '하나님의 관점'이다. 하나님의 마음으로 성경을 읽고 설교해야 한다.

청중의 관점으로 설교해야 한다

설교는 들려져야 한다. 들려지는 설교를 하려면 설교 관점이 청중이어야 한다. 설교를 잘 하는 사람이 두 가지 특징이 있다.

첫째, 청중의 관점으로 설교를 한다.
둘째, 공감력이 남다르다.

두 가지는 다른 말이지만 같은 말이다.

왜 같은 말을 둘로 구분하는가?

청중의 관점이 그만큼 중요함을 말하고 싶었기 때문이다.

청중의 반응이 좋은 설교자들은 반드시 청중의 입장에서 설교 준비를 한다.

그럼 왜 이같이 청중의 관점으로 설교해야 하는가?

설교의 목적이 청중의 변화이기 때문이다. 청중을 하나님의 사람으로 세우는 것이기 때문이다. 그러려면 청중이 세상을 하나님의 사람으로 살아갈 수 있도록 설교를 해야 한다.

설교는 강력하다. 강력한 설교는 청중을 변화시키고도 남음이 있다. 그럴 때 청중은 살아가는 세상에서 하나님의 말씀이 드러나도록 살아갈 힘을 얻고 세상 밖으로 나갈 수 있다.

설교는 지금까지 기도하지 않던 사람을 기도할 수 있도록 만들어 주어야 한다. 지금 고난당하고 있는 청중이 왜 고난을 당하는지를 깨닫게 해주어야 한다.

청중의 관점을 갖고 설교하려면 일방적인 선포가 아니라 소통하고자 하는 노력을 기울여야 한다. 소통하려면 먼저 할 일이 청중을 이해하는 것이다. 청중의 원함과 필요를 살펴야 한다. 청중의 마음속으로 들어가야 한다. 청중과 공통점을 찾아야 한다. 그럴 때 청중의 관점으로 설교할 수 있다.

4. 설교의 출발은 개념 설명이다

설교의 시작은 설명이다. 어떤 사람들은 설교의 시작이 본문 읽기라고 말할 것이다. 또 어떤 사람들은 서론이라고 말할 것이다. 본문 읽기든, 서론이든, 설교의 시작은 설명이다. 설교는 설명으로 부터 시작되기 때문이다.

설교에서 설명이 중요하다. 하지만 설명이 설교의 시작일 뿐이지 마침은 아니다.

📖 제목과 연결시켜라

21세기 설교는 '원 포인트'(One Point) 형태여야 한다. 그 이유 중 하나가 지금은 문학·문화 시대이기 때문이다. 모든 글이 한 가지 주제로 쓰여 있다. 드라마나 영화도 주제가 한 가지다. 주제를 세 가지로 잡고 글을 쓰는 것은 설교밖에 없다는 생각이 든다.

원 포인트 설교는 '단어' 혹은 '구절'을 연구할 때도 제목과 연결시켜야 한다. 제목과 연결시킬 때 설교를 원 포인트로 할 수 있기 때문이다.

📖 단어를 분석하라

설교자는 신학에 대한 '선 지식'을 갖고 있다. 하지만 설교를 듣게 되는 청중들은 신학에 대한 선 지식이 없다. 그저 하나님을 사랑하는 마음만 있다. 단어를 분석하고 풀이할 때 신학적으로 풀어내면 청중이 이해하고 받아들이기가 쉽지 않다. 예수님과 같이 일상의 단어나 사물을 통해서 이해시키려 해야 한다.

설교를 잘 하는 사람들은 대체적으로 단어를 분석할 때 성경에 있는 단어에 집중하지 않는다. 설교를 할 때에야 필요한 단어를 설명하고 분석한다. 그러므로 굳이 성경 단어에 집착하지 않는 지혜로움이 필요하다.

설교를 쉽게 이해시키려면 단어 분석을 통해 설명하는 것이 좋다. 단어를 분석하는 방법은 다양할 것이다. 단어 분석을 하되 가능하면 쉽게 해주어야 한다.

그럼 단어를 어떻게 분석해야 하는가?

예를 들면 다음과 같다.

첫째, "결정하다"는 영어로 'Decide'이다. 이 단어에는 영어 단어 'Homicide'(살인), 'Suicide'(자살), 'Genocide'(대량학살), 'Fratricide'(형제살인) 등에 공통적으로 나오는 '줄이다' 혹은 '자르다'라는 뜻의 라틴어 어근 'cide'가 들어 있다. 고대 로마인들이 우리 현대인들이 잃어버리거나 불편한 진실을 마주하기 싫어서 일부러 피한 결정적

근원이자 특성을 이해한 것이다. 그래서 'Decide'(결정하다)는 다른 옵션의 죽음이라는 제단 위에서만 성립된다는 특성을 갖고 있다.

선택 분야 세계 최고 전문가이자 컬럼비아대학교 경영대학원과 심리학과 교수인 쉬나 아이엔거(Sheena Iyengar)는 미국인들이 매일 평균 70번의 결정을 내린다는 연구 결과를 발표했다. 인간에게 있어서 중요한 것은 어떻게 결정을 하느냐에 따라 그 미래가 달라진다는 것이다. 결정 중에서 '할 것'의 결정도 중요하지만 '하지 않을 것'이란 결정도 중요하다.

둘째, "믿는다"(believe)는 것은 '사랑한다'(be love)는 의미다. 내가 나 자신을 믿을 때, 나는 나를 사랑하는 것이다. 내가 나 자신을 사랑할 때, 나는 나를 존중하는 것이다.

셋째, "존중하다"(respect)는 '보다'(spect)라는 뜻과 '다시'(re)라는 뜻을 담고 있다. '존중'은 곧 '다시 보는 것'이다.

이와 같이 단어의 어원 등으로 분석하면 청중이 좀 더 쉽게 이해할 수 있다. 문제는 단어 분석에 필요한 한자어, 영어, 헬라어, 히브리어 등 우리나라 사람에게 익숙하지 않은 언어라는 점이다. 그러므로 자주가 아닌 어쩌다 한 번 사용하는 것이 좋다.

📖 탁월한 설명이 좋은 설교로 이어진다

설교를 구성하는 기본 요소는 설명, 논증, 적용이다. 이 중 기본은 설명이다. 설교는 설명을 어떻게 하느냐에 따라 청중의 반응이 결정된다. 탁월하게 설명할 수 있는 방법을 찾아야 한다. 설명의 시작은 단어다. 때론 단어 설명이 설교를 좌우할 정도로 중요하다. 누구나 알고 있는 유명한 책 『성공하는 사람들의 7가지 습관』의 저자 스티븐 코비(Stephen Covey)는 "단어"의 가치에 대해 다음과 같이 이야기한다.

> 단어는 삶의 길을 비추는 고유의 힘을 가지고 있다. 바르고 긍정적으로 사용하면 단어는 내면이 평화와 성공을 위한 디딤돌이 된다. 바르지 않고 부정적으로 사용하면 단어는 좋은 의도조차 해칠 수 있다. 일에서, 인간 관계에서, 삶의 모든 길에서 이것은 진실이다. 성공으로 인도하는 단어가 있고 고통으로 이끄는 단어가 있다. 나아감의 단어가 있고 물러남의 단어가 있다. 단어는 상품을 구입하게도 하고 거부하게도 한다. 단어는 길을 안내하기도 하고 방해하기도 한다. 단어는 치유하기도 하고 죽음을 부르기도 한다.

스티븐 코비는 삶에서 단어 사용을 잘 하라고 조언한다. 그것은 단어를 어떻게 사용하느냐에 따라 힘이 될 수 있고, 고통이 될 수 있기 때문이다.

대화에서만 단어 선택과 사용이 중요한 것이 아니다. 설교에서도 단어 선택과 사용이 중요하다. 기왕이면 부정적인 단어보다 긍정적인 단어를 사용해야 한다. 그리고 죽은 단어가 아니라 살아 있는 단어를 사용해야 한다. 단어를 잘못 사용하면 죽은 문장이 되기 때문이다.

설교자가 갖추어야 할 것이 몇 가지 있다.

① 성경 해석력
② 사고력
③ 어휘력
④ 논리력

어휘력을 갖추려면 단어의 특징 혹은 속성 찾기 능력을 길러야 한다. 어휘력 기르기에 가장 좋은 것이 틈만 나면 단어의 특징(속성)을 찾는 것이다. 찾되 한 단어에 100개 정도 찾아야 한다.

📖 일상적인 단어를 사용하라

설교에서 단어 사용이 중요한 것은, 단어에 따라 청중과 소통할 수 있기도 하고 소통이 단절되기 때문이다. 그러므로 단어 선택을 신중히 해야 한다. 단어를 사용할 때 성경적인 단어보다는 일상적인 단어 사용을 적극 권장한다. 그 이유는 예수님께서 먼저 모범을 보여주셨기 때문이다.

설교자들이 사용하는 단어는 성경의 단어들이다. 반면에 청중들이 사용하는 단어는 일상의 단어들이다. 설교자가 성경적인 단어를 사용하면 청중들은 이해하기 쉽지 않다. 그러므로 성경의 단어를 일상적인 단어로 바꾸어 사용할 필요가 있다. 예수님과 바울 그리고 미국 리디머교회의 팀 켈러(Timothy J. Keller)는 일상적인 단어를 사용했다.

설교를 좌우하는 것 중 하나가 어휘력이다. 단어 사용 능력이 설교를 좌우한다. 좋은 문장은 적절한 단어 사용으로 만들 수 있다. 그러므로 설교자들은 풍부한 단어를 사용할 수 있는 능력을 키워야 한다. 어휘력을 키우려면 책 속으로 들어가야 한다.

책 중에는 단어만 연구한 책이 많다. 이 책의 저자들이 단어를 어떻게 사용하고, 그 단어에 대한 설명을 어떻게 하는지를 배워야 한다.

케빈 홀이 쓴 『겐샤이』라는 책이 있다. 이 책은 단어의 깊은 뜻을 설명하고 분석한 책이다. 그 책에서는 11가지 단어를 연구하고 분석했다.

> '겐샤이,' '길잡이,' '나마스테,' '열정,' '사페레 베테레,' '겸손,' '영감,' '공감,' '코치,' '울림,' '진실성'

이 단어들 중 '열정'이란 단어를 어떻게 설명하는지 보면 아래와 같다.

열정(passion)이라는 단어는 12세기에 처음 나타났다. 기독교 학자들에 의해 만들어진 단어로, 본래는 '고통을 받다'는 의미였다. 순수한 의미에서 그것은 '예수 그리스도가 기꺼이 받아들인 고난'을 뜻한다. 열정은 고통을 위한 고통만을 의미하지 않는다. 열정은 순수해야 하며 기꺼이 고통받는 것이어야 한다. 본질적으로 열정은 신성한 고통이다. 고통을 받고 희생자가 되는 것과, 어떤 이유로 기꺼이 고통을 받아들여 승리자가 되는 것은 완전히 다른 것이다.

빛을 비추는 존재는 불에 타는 과정을 견뎌야 한다. 열정이 있는 사람은 행동하고, 열정이 없는 사람은 시도만 한다.

얼마나 벅차고 도전적인 일이든 시작보다 더 쉬운 것이 어디 있는가? "한번 해볼게"라고 말한다면 핑계를 만드는 것이다. 시작은 했지만 끝마치지 않았다면 "난 시도는 해보았어"라고 말할 수 있다. 그러나 "나는 할 거야"라고 말한다면 어떤 일일지라도 그것을 끝내는 데 전념할 것이다.

'열정'이라는 단어의 본래 의미는 '자신이 가치 있게 여기는 일을 위해 기꺼이 고통받는 것'이었다.

카피라이터 박웅현이 쓴 책 중에 유명한 『여덟 단어』가 있다. 이 책은 그의 딸에게 해주었던, 혹은 해주고 싶은 여덟 개의 키워드를 통해 인문학적 삶의 태도를 이야기한다. 그 여덟 단어는 '자존,' '본질,' '고전,' '견(見),' '현재,' '권위,' '소통,' '인생' 등이다. 그는 이 단어들의 특징을 설명하였는데, 그 깊이를 헤아릴 수 없을 만큼 창의적이다.

카피라이터 정철도 그의 책 『머리를 9하라』에서 '찾자,' '떨자,' '참자,' '묻자,' '놀자,' '돌자,' '따자,' '하자,' '영자' 등 9개의 동사를 설명해 깊고 낯선 사고력의 정수를 보여준다.

2016년도 세계 3대 문학상 중 하나인 영국 맨부커상을 받은 소설가 한강이 쓴 책 중에 『흰』이라는 책이 있다. 이 책은 '흰 것'의 특징들을 깊은 사색을 통해 설명한 책이다. 이 책의 목록들은 '강보,' '배내옷,' '소금,' '눈,' '얼음,' '달,' '쌀,' '파도,' '백목련,' '흰 새,' '하얗게 웃다,' '흰 개,' '백발,' '수의,' '초' 등이다.

그녀는 이 단어들 안에 자기의 생각을 담았는데, 아주 낯설고 깊이가 있게 설명한다. 그녀는 '흰 것'을 쓴 이유에 대해 "더럽혀지지 않는 어떤 흰 것에 관한 이야기"라고 말한다. 흰 것의 가치를 담아내고자 한 것이다.

장석주도 그의 책 『철학자의 사물들』에서 '자판기,' '선글라스,' '휴대전화,' '비누,' '망치,' '여행가방,' '시계,' '세탁기,' '면도기,' '욕조,' '침대,' '가죽 소파,' '카메라,' '책,' '사과' 등 일상에서 흔히 볼 수 있는 사물들에 철학적 시각을 담아냈다.

설교자는 이와 같은 책들을 탐독하여야 한다. 그래서 작가들이 단어 하나하나를 어떻게 설명하고 있는가를 통해 단어 설명에 대한 통찰력을 얻어야 한다.

청중들이 설교자로부터 서론 다음으로 듣게 되는 것이 본문의 단어 설명이다. 그리고 계속해서 개념이나 단어에 대한 설명을 듣게 된다. 단어 설명에서 예전에 했던 것과 똑같은 설명이 이어진다면 청중은 듣기를 포기한다.

'믿음'이란 단어를 설명할지라도 본문에 따라 믿음에 대한 설명이 다를 수밖에 없다. 그러므로 설교자는 청중이 이해할 수 있는 설명, 전과 조금 다른 방향에서 낯선 설명을 할 수 있어야 한다. 그렇지 않으면 설교자는 청중과 소통이 힘들다.

설교자는 언제나 청중이 생각하는 것보다는 깊이 있게 설명해야 한다. 설교자가 단어 설명을 어떻게 하느냐에 따라 청중의 반응이 달라지기 때문이다. 또한 단어 설명을 어떻게 하느냐에 따라 설교의 영향력이 달라지기 때문이다.

📖 긍정적인 단어를 사용하라

사람들은 말에 큰 영향을 받는다. 말이 사람을 죽이기도 하고 살리기도 한다. 그러므로 설교자는 단어를 사용할 때 살리는 단어, 긍정적인 단어를 사용해야 한다. 청중은 들은 대로 영향을 받는다. '이왕이면 다홍치마'로 좋은 영향을 미치는 단어를 사용해야 한다.

긍정적인 단어를 사용해야 한다. 설명도 긍정적으로 해야 한다. 예를 들어 사람의 체온인 36.5도를 설명할 때도 긍정적으로 하는 것이 좋다. 정철은 그의 책 『머리를 9하라』에서 사람의 체온인 36.5도를 아래와 같이 설명한다.

사람의 체온이 36.5도로 따뜻한 것은 바로 사람의 성분이 사랑, 긍정, 용기, 희망, 위로, 감사, 믿음, 겸손, 배려와 같은 것들로 구성되어 있기 때문이다.

위와 같이 긍정적으로 설명하여 사람에게 힘과 용기 주어야 하고 더 나아가 어떻게 살아가야 하는가에 대한 도움을 줄 수 있어야 한다.

우리가 생각을 긍정적으로 하면 절망의 상황을 완전히 희망으로 바꿀 수 있다. '한 획의 기적'이란 것이 있다. 이는 접점을 찾을 수 없을 때 생각을 조금만 바꾸면 접점을 찾을 수 있고 답을 찾을 수 있다는 것이다. 예를 들면 다음과 같은 말이 있다.

'고질병'에 점 하나 찍으면 '고칠 병'이 된다.
'마음 심(心)자'에 신념과 막대기를 꽂으면 '반드시 필(必)자'가 된다.
'불가능한' 단어 impossible에 점 하나 찍으면 'i'm possible'이 된다. 즉, '불가능'에서 '나는 가능하다'가 된다.
'빚'이라는 글자에 점 하나 찍으면 '빛'이 된다.

단어를 긍정적인 방향으로 생각하면 죽을 것을 살 것으로, 불가능을 가능으로 바꿀 수 있다. 생각을 조금만 긍정적으로 바꾸면 나를 바꾸는 '한 획의 기적'을 일으킬 수 있다.

부정적인 단어 사용은 언제나 삶과 영혼을 갉아먹는다. 그러므로 긍정적인 단어를 사용하고 설명을 긍정적으로 하여, 청중들이 삶에서 가능성과 희망을 품을 수 있도록 해줘야 한다. 긍정적인 단어를 사용하고 설명을 긍정적으로 해줘야 하는 이유는 그 단어와 설명이 청중들의 삶을 지배하기 때문이다. 더 나아가 자신을 대하는 방식을 결정하기 때문이다.

사람이 자기 자신을 대하는 방식은 다른 사람들을 대하는 방식에 그대로 반영된다. 내가 나 자신을 존중하고 가치 있게 대할 때, 내가 다른 사람들을 존중하고 가치 있게 대한다. 반대로, 만일 내가 나 자신을 경멸하고 무시한다면, 다른 사람들도 경멸하고 무시한다.

사람은 세상을 있는 그대로 바라보지 않는다. 나 자신을 바라보는 방식으로 세상을 바라본다. 그러므로 청중이 자신을 긍정적으로 바라볼 수 있도록 단어를 긍정적으로 풀어주어야 한다.

5. 적용이 30% 이상이다

　설교를 하는 목적은 적용에 있다. 설명하고 논증하는 것은 적용하기 위함이다.

　청중은 설교를 듣는다. 듣기만 하기 위해 듣는 것이 아니다. 말씀대로 살기 위해서 듣는다. 결국 선포된 설교가 청중의 삶으로 연결되지 않으면 설교에 실패했다고 할 수 있다. 명문장을 많이 사용했을지라도 적용되지 않으면 소용없다.

　행동 없는 말은 백해무익하다. 행동 없는 결과는 없기 때문이다. 그러므로 설교가 행동으로 이어지게 하는 적용이란 목적을 향해 나아가야 한다.

　설교의 말만 난무하면 신앙은 제자리걸음일 뿐이다. 이런 이유로 설교는 적용이 중요하다. 청중의 삶에 적용되어 행동으로 드러나면 태산까지도 옮길 수 있다. 설교의 제 단계들은 적용을 위한 것이라 해도 과언이 아니다.

　주위에서 종종 듣는 말이 있다.

　"청중이 하나님의 말씀을 그렇게 많이 듣는데 변하지 않는다."

　세상에서 가장 놀라운 일은 '성도가 말씀을 듣고 변해야 하는데 변하지 않는 것이다.' 설교를 들으면 변하게 되어 있다. 예수님의 말씀을 듣고 수많은 청중들이 변화됐다. 에스라의 설교를 듣고 이스라엘 사람들이 변했다. 바울의 설교를 듣고 수많은 사람들이 예수님께 돌아왔다.

설교를 듣고 변하지 않는 것은 설교가 적용적이지 않을 때다. 많은 설교가 설명적이다. 설교가 적용 중심이면 변하는 것이 정상이다. 청중은 자신의 삶과 연결된 적용의 설교에 반응을 보이기 때문이다.

📖 설교는 적용적이어야 한다

설교 행위의 목적은 분명하다. 설교를 듣는 청중의 변화다. 설교에서 변화를 요구하는 것은 개념 설명이나 논증이 아니라 적용 부분이다. 설교는 적용이 중요하다. 적용은 변화를 일으키기 때문이다.

적용은 청중이 들은 말씀을 어떻게 삶에 적용할 것인가다. 그러려면 설교가 적용적이어야 한다. 적용을 하되 구체적이어야 한다. 청중의 마음에 와닿도록 적용해야 한다.

설교의 방향도 적용이어야 한다. 설교의 구성이 적용에 초점 맞춰져야 한다. 그럼 설득에서 그치지 않고 공감까지 나아간다.

📖 청중과 관련 있어야 설교다

설교는 청중과 깊은 관련이 있어야 한다. 이 말은 많은 설교가 청중과 관련이 없다는 말이다.

동상이몽(同床異夢), 즉 같은 침대에서 서로 다른 꿈을 꾸게 되는 꼴이 된다.

설교가 청중과 관련이 있어야 하는 것은 페르시아 우화가 대신 말해준다. 페르시아에는 다음과 같은 우화가 있다.

어떤 사람이 죽어서 영혼이 하늘로 올라갔다. 영혼은 그곳에서 온몸이 곪아 터져 흐르는 고름 때문에 더럽고 소름 끼치는 끔찍한 여자를 한 명 만난다. 그 여자는 자신과 반대 방향으로 가고 있었다. 영혼이 여자에게 물었다.
"거기서 무얼 하는 거지요? 당신은 누구인가요?"
그러자 끔찍한 여자가 대답했다.
"나는 당신의 행위입니다."

설교가 적용적이지 않은 것은 페르시아 우화처럼 설교자와 청중이 서로 반대 방향으로 가고 있는 것과 같다. 설교자와 청중이 서로 반대 방향으로 가니 청중에게 변화가 일어나지 않는다.

설교에서 적용이 부족한 것은 청중과 상관없는 형식과 내용으로 가득 차 있기 때문이다. 설교는 청중과 상관 있는 내용으로 가득 차 있어야 한다.

회원 설교자가 자신이 한 경험을 털어놓았다.

한 청중이 처음으로 이런 고백을 했단다.

"목사님! 오늘 설교 많은 은혜 받았습니다."

한 번도 '은혜 받았다'라는 말을 들은 적이 없었던 청중에게서 들었단다.

그럼 하필 이번 설교에 '은혜 받았다'라는 말을 들었는가?

설교가 적용, 즉 청중과 관련이 있었기 때문이다.

설교는 적용이 중심이어야 한다. 하지만 많은 설교자들의 설교는 적용 중심이 아니다. 설명 중심이다.

20세기 미국의 위대한 전도자인 드와이트 무디(Dwight L. Moody)는 설교에서 적용의 비율을 70%라고 이야기했다. 필자의 경험으로 보면, 설교자들의 적용은 맨 마지막 한 번 한다. 즉, 적용이 5% 전후일 뿐이다.

청중이 '은혜 받았다'는 설교는 적용이 많은 설교일 때가 많다. 반대로 '은혜 받았다'는 말을 듣지 못하는 설교는 대체로 적용이 적다.

설교자는 설교에서 적용의 분량이 최대한 많도록 해야 한다. 적어도 30%는 돼야 한다. 적용이 30%라는 말은 설교가 적용이 아주 많다고 느끼는 분량이다.

어떤 평신도가 그런 말을 했다.

"우리가 설교 시간에 이스라엘 역사를 알고 싶은 것이 아닙니다. 오늘 내가 어떻게 행동해야 하는지 알고 싶습니다."

또 다른 평신도도 이런 말을 했다.

"제가 사업을 하는데 사업과 관련된 이야기는 귀에 쏙쏙 들어옵니다."

무슨 말인가?

적용을 하되, 청중과 관련돼야 한다는 것이다. 적용이 청중과 관련 있어야 한다는 것이다.

📖 적용은 청중의 기대감을 충족시킨다

사람은 기대감을 갖고 살아간다. 설교에 대한 청중의 기대감은 다른 어떤 것과 비교할 수 없을 만큼 크다. 교회에 올 때 청중은 오늘 주실 설교에 전부를 건다. 설교를 통해 일주일 살기 위함이다.

설교에 대한 청중의 기대감이 전부라면 설교자도 청중에게 설교로 기대감을 채워주어야 한다. 즉, 설교자는 설교를 통해 청중의 기대감을 충족시켜 줄 의무가 있다. 기대감이 사라지면 청중은 설교를 듣지 않는다. 다른 말로 하나님께서 하실 위대한 일을 기대하지 않는다.

청중이 설교를 통해 기대하는 것은 두 가지다.

첫째, 하나님의 말씀이 마음속에 깊이 뿌리내려 하나님의 은혜가 가득 차기 원한다.

둘째, 그 말씀이 마음에서 행동으로 이어질 수 있도록 강력하길 원한다.

청중에게는 적용이 중요하다. 적용은 미래적이지 않고 언제나 현재적이기 때문이다. 시간 중에 가장 중요한 시간은 과거나 미래가 아니다. 현재이다. 지금을 강조하기 위해, '황금,' '소금'보다 중요한 것이 '지금'이라고 했다. 그 이유는 인간이 자신을 지배할 수 있는 때는 바로 지금이기 때문이다. 그리고 변화할 시점도 지금이기 때문이다.

설교의 적용은 현재를 지향한다. 과거의 행동을 되돌아보기도 하고, 미래에 나의 모습을 미리 짐작해 보기도 한다. 하지만 현재를 지향한다. 현재의 변화 없는 과거나 미래가 무의미하기 때문이다.

📖 '형식적 지식'이 아니라 '암묵적 지식'이 되도록 하라!

영국의 철학자이자 물리화학자인 마이클 폴라니(Michael Polanyi)는 지식을 두 종류로 구분했다. 형식지(형식적 지식)와 암묵지(암묵적 지식)다.

첫째, '형식지'는 언어나 문자를 통하여 겉으로 표현된 지식이다. 이는 문서화 또는 데이터화된 지식이다.
둘째, '형식지'와 상대되는 개념으로서 '암묵지'가 있다.

'형식지'는 지식을 머리로 이해하기 위해서는 반드시 필요하다. 하지만 이해한 것을 실제로 행하지 못하는 것은 '암묵지'를 익히지 못했기 때문이다.

'암묵지'는 학습과 경험을 통하여 습득함으로써 개인에게 체화되어 있지만, 언어나 문자로 표현하기 어려운 겉으로 드러나지 않는 지식을 말한다. 이는 오랜 경험이나 자기만의 방식으로 체득한 지식이나 노하우를 의미한다. 결국 '암묵지'는 경험을 통해서 내면화된 지식을 의미한다.

우리들 지식의 대부분은 머릿속에 머물러 있다. 그래서 '아는 것'과 '행하는 것'이 일치가 되지 않는다. 이는 신앙생활도 다르지 않다. 지식은 실천으로 연결돼야 참다운 지식이다. 실천으로 연결되지 못하면 진정한 지식이 아니다. 어떤 지식이든 실천이나 행함이 없으면 내면화할 수 없다.

실천할 수 없는 설교는 알을 낳지 못하는 늙은 닭과 다를 바 없다. 설교는 반드시 행동으로 이어져 삶으로 나타나야 한다. 대부분 청중들은 설교를 듣고도 행하지 못한다. 설교는 이론이 아니다. 설교는 현실이다. 삶으로 확실하게 드러나야 한다. 그러므로 설교는 형식적 지식이 아니라 암묵적 지식이 되도록 적용적이어야 한다.

📖 적용의 방법들

설교에서 사용하는 적용 방법들은 여러 가지가 있다. 현실적인 권면, 도전을 주는 적용, '그때와 지금,' 메시지 만들기 등이다. 이 적용법이 암묵적 지식이 돼야 한다.

형식적 지식으로 그치면 말씀이 적용화되지 못한다. 설교자는 설교가 암묵적 지식이 되도록 해줄 책임이 있다. 그럴 때 청중은 설교를 듣고 행동으로 이행한다.

　설교자와 청중은 설교를 전하는 데나 듣는 데서 그치면 안 된다. 변화하는 데로 나아가야 한다. 그러므로 설교자는 변화를 유도하는 적용법을 익히고 그것을 설교에 접목할 책임이 있다. 그럴 때 청중은 설교가 암묵적 지식이 되어 하나님의 말씀이 삶의 현장으로 들어온다.

6. 설교는 단순해야 한다

📖 목회의 답은 삶의 단순화에 있다

소설가 김연숙 작가는 그의 산문집 『소설가의 일기』에서 이렇게 말했다.

"소설가는 소설 쓰는 일 외에 애당초 할 일을 만들지 않는 것으로 시간 관리를 한다."

즉, 소설가는 자기 삶을 아주 단순화시킨다는 것이다.

삶의 답은 단순화에 있다. 목회의 답도 단순화에 있다.

필자는 독서를 시작하면서 삶을 단순화했다. 하루 일과가 말씀 묵상, 독서, 글쓰기였다. 일주일 일과는 주일 설교, 주중 설교자 설교 글쓰기 가르치기, 그리고 하루 일과 이 세 가지였다.

필자는 해외 여행을 가도 많은 곳을 여행하지 않는다. 그저 외국에 갔다는 자체만으로도 충분히 여행을 만끽한다. 최근에 해외 여행을 다녀왔다. 5일 중 반은 책을 쓰는 데 시간을 할애했다. 시간만 나면 카페에 가서 책 쓰고 독서했다. 우연히 신학교 동기 한 선교사를 만났는데 필자의 여행 스타일을 이해하지 못한다는 표정을 지어 보였다. 아마 필자와 같은 여행객을 만나보지 못했기 때문일 것이다. 한 번은 호텔 주인이 필자에게 이런 말을 했다.

"왜 손님은 여행을 하지 않으세요?

보통 사람들은 새벽에 나갔다가 밤 12시에 돌아오지만 더 못 봐서 안달인데…."

이해되지 못한 행동, 웃지 못할 행동을 하는 것에는 단순화된 삶이 있다. 전에는 복잡하게 살았다. 풍광을 즐겼고, 사람이 치이는 곳으로 여행을 했고, 맛있는 곳을 찾아다녔다. 이 때의 삶은 하루가 단순함이 아니라 최고의 복잡함이었다.

삶이 복잡하면 자기 관리가 되지 않는다. 삶이 단순하면 자기 관리가 잘 된다. 답이 있는 삶, 열매 있는 삶은 복잡함에 없다. 아주 단순함에 있다. 목회자는 삶이 단순해야 한다. 한 가지만이라도 잘해야 한다.

필자의 머릿속에 박혀 있는 책 한 권이 있다. 데이비드 고든(T. David Gordon)의 『우리 목사님은 왜 설교를 못할까』다. 제목 그대로 설교 하나 잘하면, 다른 것 못해도 무죄라는 주장의 책이다.

이 책은 설교자로서 필자에게 충격을 주었다. 다른 것도 잘하면 좋다. 그 중 한 가지만 잘해야 한다면 설교자는 설교를 잘해야 한다. 설교자가 설교를 잘하려면 단순한 삶을 살아야 한다. 단순한 삶이 하나님께서 원하시는 삶이기 때문이다.

📖 단순한 삶은 '버리기'로부터 시작된다

설교자는 단순한 삶을 살아야 한다. 현실은 아주 복잡한 삶의 구조다. 한국교회 목회 구조는 더 복잡하다.

그럼 어떻게 해야 단순한 삶을 살 수 있는가?

단순한 삶은 먼저 버릴 것을 버림으로부터 시작된다.

「조선일보」 경제 섹션 '위클리비즈'의 편집장인 이지훈 씨는 『단』(單)이라는 책에서 '단순함'의 중요성을 강조한다. 그는 삶을 단순화하려면 세 가지가 필요하다고 말한다.

① 버리기
② 세우기
③ 지키기

단순한 삶은 버리기부터 시작된다. 버릴 것을 버릴 때 비로소 단순한 삶을 살 수 있다.

이는 설교자도 동일하다. 설교자가 말씀을 묵상하려면 묵상에 방해되는 것들을 버려야 한다. 버리면 본질인 묵상하는 것만 남는다. 이 본질을 붙잡고 반복에 반복을 하면 묵상가가 된다.

설교를 잘한다고 평가를 받는 설교자들은 설교에 방해되는 것들은 이미 버렸다. 필자는 딱 하나 취미가 있다. 바로 바둑이다. 인터넷에서 바둑을 두면 시간 가는 줄 모른다. 하루 종일 두어도 또 두고 싶다.

그러나 묵상가로서 삶을 살기 위해 바둑을 안 둔 지 아주 오래됐다. 하나님의 일에 집중하려면 버릴 수 있는 것을 버려야 된다. 마찬가지로, '창조적 성경 묵상법'을 하려면 최소한 3시간이 필요하다. 설교 한 편 준비하려면 20시간이 필요하다. 이를 감당하려면 버릴 것을 과감하게 버려야 한다.

몇 년 전에 필자는 약 3주간 매일 창조적 성경 묵상법으로 했다. 그 당시는 기도 시간을 많이 갖거나 전도를 거의 하지 않았다. 그저 묵상만 하루 5시간 이상 했다. 그랬더니 전혀 생각지도 못한 일이 발생했다. 필자가 생각지도 못한 숫자의 하나님 백성들을 보내주셨다.

묵상으로 영혼 구원의 체험을 한 것은 필자만이 아니었다. 필자와 함께 공부했던 설교자들이 동일하게 경험했다. '창조적 성경 묵상법'은 단순한 일련의 묵상 방법이 아니라 하나님이 일하시는 통로다. 설교자는 설교에 방해되는 것들을 과감하게 버려야 한다. 묵상하는 시간을 갉아먹는 것을 용기 있게 포기해야 한다.

사소한 것을 버리지 않고는 중요한 말씀 묵상에 집중할 수 없다. 많은 설교자들이 엄청 바쁘다. 바쁜 일과는 주로 자신이 만든다. 그러고는 말씀 묵상의 달인이 되고 싶어 한다.

말씀 묵상의 달인이 되고자 한다면 한 가지에 집중해야 한다. 예수님께서 마르다에게 하신 말씀을 기억하며 살 필요가 있다.

주께서 대답하여 이르시되 마르다야 마르다야 네가 많은 일로 염려

하고 근심하나 몇 가지만 하든지 혹은 한 가지만이라도 족하니라 마리아는 이 좋은 편을 택하였으니 빼앗기지 아니하리라(눅 10: 41-42).

📖 어려움 극복은 단순화에 답이 있다

지금 당신의 목회가 어려운가?

그것은 삶에서 단순화하는 데 실패했기 때문일 것이다. 설교자들에게 설교 글쓰기를 가르치면서 확신 있게 할 수 있는 말이 있다. 스케줄이 바쁜 목사들은 대부분 자신 성장에 바쁘지 못하다는 것이다. 남들이 벌려놓은 일에 '노'(NO)를 하지 못한다. 그 결과 삶이 끝없이 복잡하다.

김난도의 『트렌드코리아 2020』에서 '업글인간'(Elevate Yourself)을 이야기한다. 2020년 트렌드 중 하나가 지적으로 성장해야 한다는 것이다. 성장하려면 단순한 삶이 뒷받침돼야 한다. 단순함이 뒷받침되지 못하면 성장은 물건너간다. 도리어 나중에 후회만 막급일 뿐이다.

설교자는 하나님께 바빠야 한다. 하나님 말씀 묵상에 바빠야 한다. 하나님과 기도에 바빠야 한다. 하나님 말씀 설교에 바빠야 한다. 하지만 많은 설교자는 세상의 일에 바쁘다.

목회가 어려운 것은 세상에 바쁘기 때문이다. 목회가 쉬우려면 두 가지를 통해 그 해답을 발견해야 한다.

첫째, 하루에 한 본문씩, 3시간 이상 '창조적 성경 묵상법'을 하면 된다. 그 이유는 묵상자가 감당할 수 없는 하나님의 은혜가 넘치게 부어지기 때문이다.

둘째, 설교에 초점 맞춘 삶을 살면 된다. 설교는 시간 싸움이다. 시간을 투자한 만큼 효과가 있다. 주일 설교 한 편을 10시간씩 준비하는 설교자는 찾아보기 힘들다. 20시간 준비하는 설교자는 말할 것도 없다.

목회가 안 되는 것이 아니다. 안 되는 목회를 하고 있을 뿐이다. 삶이 복잡하니 안 되는 목회를 할 수밖에 없다.

하나님은 한 분이시다. 설교자들은 종종 하나님 한 분이면 족하다고 설교한다. 그러나 정적 당사자인 자신은 하나님 한 분으로 족하지 않다. 문제는 언제나 단순함의 여부에 있다. 하나님 한 분만으로 족하지 않게 사는 것에 있다.

어떤 목사님은 일과가 다음과 같다.

> 새벽기도, 배드민턴 2시간, 목욕탕 1시간, 점심식사, 카페에서 차 한 잔과 수다, 교회에서 교회 일 정리, 내일 새벽기도 준비 조금, 저녁식사, 텔레비전 시청, 잠자리

또 다른 목사님의 일과가 다음과 같다.

> 새벽기도, 30분 운동과 세면, 아침식사, 독서, 점심식사, 독서와 교회 사역, 저녁식사, 설교 준비, 잠자리

어떤 분을 하나님께서 기뻐하시겠는가?

그렇다면 당신은 어느 쪽인가?

많은 사람들이 목회가 어렵다고 말한다. 목회가 어려운 것이 아니라 삶을 어렵게 살 뿐이다. 어려움이란 없다. 복잡하게 사는 삶만 있을 뿐이다.

복잡하게 사는 사람은 삶이 복잡하다. 단순하게 사는 사람은 삶이 단순하다. 언제나 문제는 복잡하지 않다. 단순하다. 복잡하면 목회가 힘이 아니라 짐이 된다. 하지만 단순하면 목회가 짐이 아니라 힘이 된다.

📖 설교, 단순해야 한다

단순함이 힘인 시대다. 단순함의 힘은 강력하다. 삶이 단순해야 한다. 설교도 단순해야 한다.

설교가 단순하려면 설교 제목대로 설교하면 된다. 청중에게 많은 것을 주기보다는 확실한 것 하나를 주는 것이 효과적이다. 설교에서 청중에게 제목만 남겨줘도 설교가 성공적이라 할 수 있다. 청중은 설교 제목 한 가지만 붙잡을 수 있다면 엄청난 변화가 일어난다.

어차피 청중은 설교자가 주는 모든 것을 받아들이지 못한다. 대부

분 예화 한 가지 기억하는 정도다. 설교 제목 한 가지만 기억한 뒤 교회를 나가도 하나님을 붙들며 한 주간 믿음으로 살 수 있다. 그러므로 한 가지만 남길 수 있는 설교를 하고자 해야 한다.

설교 제목은 단순함의 극치다. 그러므로 설교 제목 안에 설교 목적, 설교 방향, 설교 내용까지 담으면 된다. 청중이 설교 제목만 기억하게 해도 그 설교는 성공한 것이다.

좋은 설교란 설교 전체의 내용을 한 문장으로 요약할 수 있는 설교다. 말하고자 하는 중심 주제가 명확한 설교다. 설교 제목은 자신의 설교를 15자 이내로 설명하는 설교다. 그것은 설교 제목이 단순화된 설교의 극치를 보여주기 때문이다.

설교는 주제 설교, 강해 설교 등 여러 가지 유형이 있다. 유형이 어떻든 간에 주제를 통해 이끌어 갈 수 있어야 한다. 그래서 현대 강해 설교의 대가인 해돈 로빈슨(Haddon Robinson) 교수는 다음과 같이 말했다.

"효과적인 설교는 하나의 구체적인 것, 즉 중심 주제에 집중한다."

설교 제목에는 하나의 중심 주제가 담긴다. 하나의 중심 주제가 담긴 설교가 효과적이다. 즉, 청중에게 효과적으로 기억된다.

설교를 단순화시키는 제목이 중요하다. 제목을 잘 이끌어 가면 설교가 들려진다.

에필로그

다산은 독서광이었다. 그는 자신만의 독서법에 따라 독서를 했다. 다산의 독서법은 '삼박자 독서법'이다. 즉, 정독(精讀), 질서(疾書), 초서(抄書)다. 다산은 이 세 가지 독서법을 실천하며 독서를 했다. 그 중 하나가 질서다.

'질서'(疾書)란 책을 읽다가 깨달음을 얻은 내용이 있다면 기억 속에 남겨두기 위해 적어가며 읽는 것을 말한다. 즉, 메모하며 읽는 독서법이다.

책을 읽을 때 무작정 읽기보다는 '저자는 왜 이러한 표현을 썼을까?,' '왜 이러한 주장을 하는 것일까'에 대한 의심을 갖고 접근해야 한다. 독서할 때 의심하고 기록하는 것은 무엇보다도 중요하며, 기록을 통해 사고의 발전이 있고 학문이 성장할 수 있다.

다산 연구가인 권영식은 그의 책 『다산의 독서전략』에서 다산을 따라잡는 독서 비법을 세 가지로 이야기 한다.

첫째, 내면을 키우는 묵상이다.
둘째, 온 몸으로 읽는 낭독이다.
셋째, 반복 읽기다.

권영식은 다산의 독서 비법 중 첫 번째 방법이 '내면을 키우는 묵상'이라고 이야기한다. 그는 여기서 묵상의 어원은 '메디켈루스'(MEDICELUS)라고 말한다. '메디켈루스'는 약(medicine)의 어원이기도 하다.

약이 몸에서 녹아 혈관을 통해 온몸으로 퍼질 때 치료가 되듯이 거룩한 언어들이 묵상을 통해 우리의 생각과 의식, 무의식, 잠재의식, 영혼 속에 깊이 스며들 때 비로소 우리는 교화된다.

신학교에서 배운 묵상법과 다산의 독서 비법이 크게 다르지 않음을 알 수 있다. 다르다면 그 대상이 '하나님의 말씀이냐 인간의 책이냐'다.

신학교 때 '묵상과 명상'에 대해 배운 적이 있다. 명상이 비우는 것이라면 묵상은 하나님의 말씀을 채우는 것이다. 명상과 묵상은 아주 큰 차이가 있다.

필자는 다산 연구가 권영식이 소개한 다산의 독서 비법 중 하나가 '내면을 키우는 묵상'이라는 것을 알고 크게 놀랐다. 깊이 들어가면 많이 다를 것이지만, 다산이 내면을 채우는 묵상을 했다는 것만으로도 설교자가 묵상의 가치와 중요성을 말하는 데 큰 도전을 준다.

이 시대는 '말의 시대'다. 말을 잘하려면 말을 할 수 있는 글이 뒷받침돼야 한다. 설교는 신학의 꽃이다. 이 꽃을 피우려면 묵상이 뒷받침돼야 한다. 묵상 없는 설교는 앙꼬 없는 찐빵이기 때문이다.

설교자는 일상적인 묵상과 설교를 위한 묵상을 해야 한다. 설교를 하려면 설교를 위한 묵상법으로 묵상해야 한다.

묵상은 두 가지 기능을 한다.

첫째, 묵상은 하나님의 음성을 듣는 통로다.
둘째, 묵상은 설교를 깊고 넓게 하도록 한다.

그러므로 설교자는 묵상하는 것이 필수적이다. 설교자는 묵상을 통해 하나님의 음성을 들어야 함은 물론 묵상이 설교로 이어질 수 있게 해야 한다. 큐티(QT)나 개인 성경 연구로는 턱없이 부족하다. 반드시 '창조적 성경 묵상법'의 도움을 받아야 한다.

설교에서 성경 해석은 1차적인 과정이다. 그다음에 할 것이 묵상이다. 즉, 설교를 위한 묵상이다. 묵상이 설교로 이어지기 위해서는 기존에 하던 큐티형 묵상에 세 가지가 더해져야 한다.

첫째, 묵상이 설교로 이어지기 위해서는 청중에게 들려지도록 설명하는 부분이 있어야 한다. 설명은 청중에게 도움을 줄 수 있는 것이어야 한다. 성경 해석을 지나 청중이 쉽게 받아들일 수 있는 설명이 있는 묵상이어야 한다.

둘째, 본문이 의미하는 바는 물론 등장인물의 마음 읽기를 통해 본문의 이면을 읽을 수 있는 묵상이어야 한다. 하나님과 설교자가 공감할 수 있고, 청중과 소통할 수 있는 묵상이어야 한다.

셋째, 묵상은 질문으로 시작되고 질문으로 마쳐야 한다. 질문을 하되 본문에 갇힌 질문이 아닌 본문을 담아내는 질문을 해야 한다. 그렇지 않으면 묵상은 그저 성경 해석에서 그치게 된다.

설교자에게 묵상은 '설교를 위한 묵상'이어야 한다. 설교를 위한 묵상을 위해 만들어진 묵상법이 '창조적 성경 묵상법'이다. 이 묵상법은 설교자에게 큰 유익이 될 것이다.

시대는 시대에 맞는 방법을 원한다. 21세기에는 창조적인 아이디어가 필요하다. 마찬가지로 이 시대는 설교를 위한 묵상법이 이미 필요했다.

'창조적 성경 묵상법'은 21세기에 안성맞춤이다. 즉, 21세기에 아주 적합한 묵상법이다. 이 묵상법은 이미 검증이 끝났다. 남다른 효과를 입증해 보였다. 이 방법이 설교자에게 '설교를 위한 묵상'에 단비가 되어줄 것이다.

'창조적 성경 묵상법'은 서서히 설교자들에게 확산되고 있다. 설교를 위한 묵상으로 적합하다고 사용하는 설교자들로부터 뜨거운 반응을 얻고 있다.

'창조적 성경 묵상법'은 신학과 인문학이 융합된 묵상법이다. 특히 마음이 담겨지기 원하는 작금의 시대와 잘 어울린다.

필자는 이 '창조적 성경 묵상법'이 설교 강단에 신선한 바람을 일으킴은 물론 놀라운 효과를 나타낼 것이라 확신한다. 그 결과 한국 교회가 제2의 부흥기에 접어들기를 소망한다.

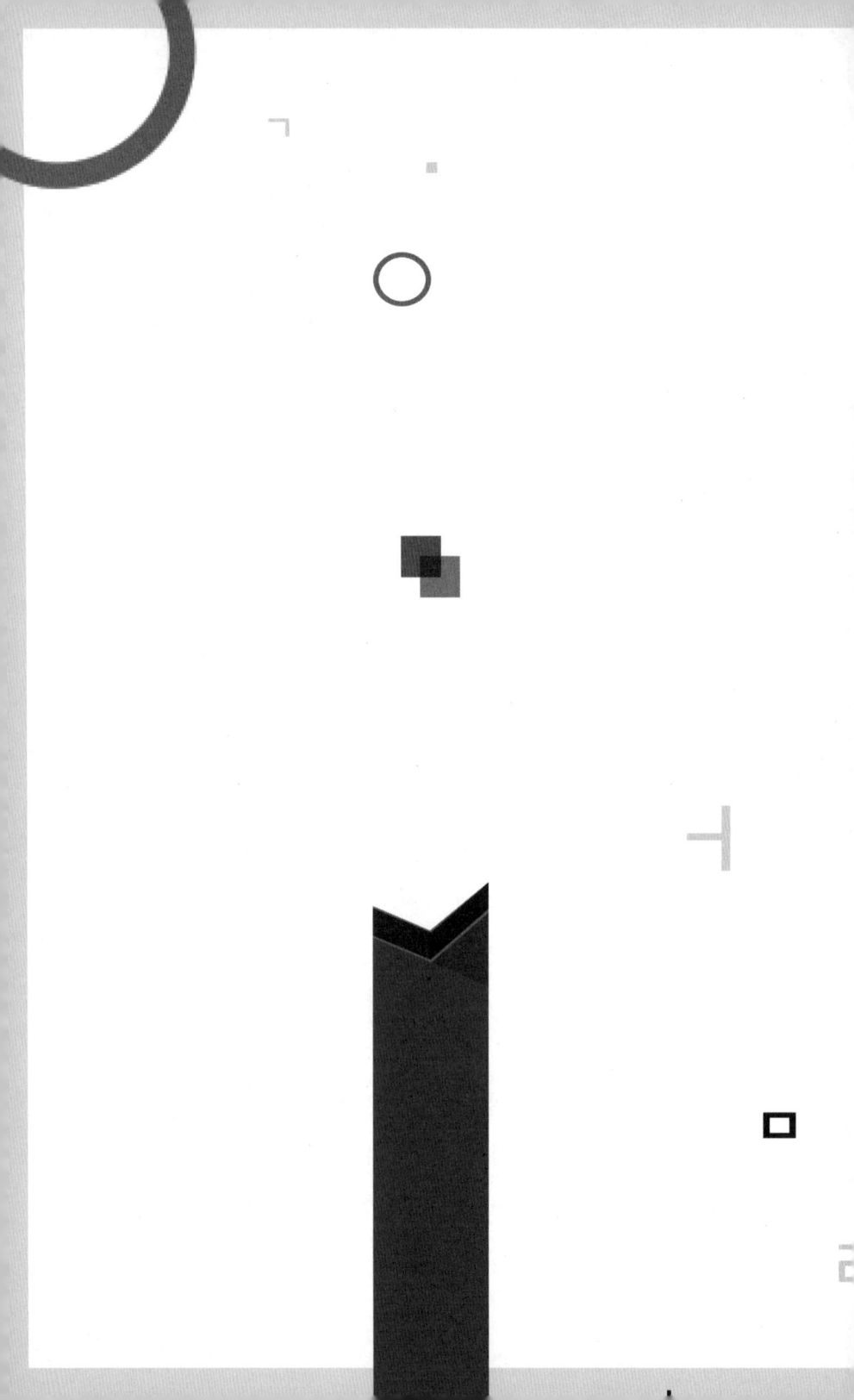

부록

창조적 성경 묵상법의 실제(수 4:19-24)

> 첫째 달 십일에 백성이 요단에서 올라와 여리고 동쪽 경계 길갈에 진 치매 여호수아가 요단에서 가져온 그 열두 돌을 길갈에 세우고 이스라엘 자손들에게 말하여 이르되 후일에 너희의 자손들이 그들의 아버지에게 묻기를 이 돌들은 무슨 뜻이니이까 하거든 너희는 너희의 자손들에게 알게 하여 이르기를 이스라엘이 마른 땅을 밟고 이 요단을 건넜음이라 너희의 하나님 여호와께서 요단 물을 너희 앞에서 마르게 하사 너희를 건너게 하신 것이 너희의 하나님 여호와께서 우리 앞에 홍해를 말리시고 우리를 건너게 하심과 같았나니 이는 땅의 모든 백성에게 여호와의 손이 강하신 것을 알게 하며 너희가 너희의 하나님 여호와를 항상 경외하게 하려 하심이라 하라(수 4:19-24).

1. 본문 파악

  1) 본문 읽기

  * 특이사항: 설교할 본문을 20번 읽는다.

  2) 내용 파악

  * 특이사항: 성경을 덮은 뒤 기억되는 내용을 기록한다. 80% 이상 기억되지 않으면 10번을 더 읽는다.

  3) 한 줄 요약: 이스라엘은 하나님께서 하신 일을 기념했다.

2. 삶과 연결

  1) 질문하기

    ① 요약하기
    ② 의미화하기
    ③ 질문하기
    ④ 답변하기

(1) 19-20절 질문하기

① 요약하기 : 길갈에 진을 친 후 열두 기념 돌을 세웠다.
② 의미화하기 : 경외
③ 질문하기 : 하나님께서 하신 일에 대해 인간이 보일 반응은?
④ 답변하기 : (아래와 같다)

삶의 기준점을 어디에 두는가가 중요하다. 기준점에 따라 결과가 다르기 때문이다. 그리스도인에게는 기준점이 더욱 중요하다. 삶의 중심축을 어디에 두느냐에 따라 삶이 180도 달라질 수 있기 때문이다. '자기의 힘으로 사는가, 하나님의 힘으로 사는가?'의 결과는 하늘과 땅 차이다. 인간은 죄악을 만들어 내지만 하나님은 평화를 만들어 내기 때문이다.

여호수아를 지도자로 한 이스라엘은 하나님의 힘으로 살았다. 그 결과 인간의 힘으로 도저히 건널 수 없는 요단강을 건넜다. 이스라엘의 불가능한 상황이 가능해졌다. 불가능한 상황이 가능으로 바뀔 때 인간은 하나님에 대해 두려워한다. 하나님을 두려워하는 순간 자신도 모르게 땅바닥에 엎드린다.

그 다음은 저절로 하나님에 대한 경외함으로 가득 채워진다. 삶은 하나님에 대한 감격으로 가득 찬다. 한순간에 바뀐 것으로 인해 모든 것이 꿈꾸는 것 같다. 그럼 자연스럽게 하나님에 대한 사랑으로 가득 채워진다. 넘치는 하나님의 사랑으로 인해 감격스런 순간이 지속된다.

여호수아를 위시한 이스라엘은 가슴은 뭉클하다. 입에서는 환호성과 탄성이 터져나온다. 얼굴은 싱글벙글한다. 하나님 사랑이 점점 커진다. 세상 것은 전혀 보이지 않는다. 관심이 온통 하나님이다. 이후로는 하나님만 경외한다.

하나님을 경외하게 되면 하나님을 위해서 최고의 일을 하고 싶다. 여호수아와 이스라엘에게 최고의 일은 하나님께서 하신 일에 대한 기념 돌을 세우는 것이었다. 이스라엘은 12지파 숫자에 맞춰 열두 기념 돌을 세우고자 했다. 오랫동안 기억하고 싶었기 때문이다. 요단강을 건넌 사람들뿐만 아니라 후손들도 기억하길 원했기 때문이다.

이런 제안에 누구 한 명 반대하지 않았다. 하나님을 경외함에는 반대가 아니라 더 못해서 견딜 수 없을 지경이 되는 것이 정상이다. 성도의 삶의 목적은 하나님을 경외함에 몸부림이 정상이기 때문이다.

하나님 경외하려면 기준점을 하나님께 두어야 한다. 기준점이 하나님이 되면 하나님만 생각하고 하나님을 경외하게 된다. 그러므로 성도의 삶은 기준점은 인간이나 세상이 아니라 하나님이어야 한다.

(2) 21-22절 질문하기

① 요약하기: 요단강의 마른 땅을 밟고 건넜다.
② 의미화하기: 하나님이 하셨다.
③ 질문하기: 성도가 평생 기억하고 살아갈 것은?
④ 답변하기: (아래와 같다)

'트라우마'라는 말이 있다. 과거 경험했던 위기, 공포와 비슷한 일이 발생했을 때 당시의 감정을 다시 느끼면서 심리적 불안을 겪는 증상을 말한다.

'외상 후 스트레스 장애'(PTSD)라는 말이 있다. 생명을 위협할 정도의 극심한 스트레스(정신적 외상)를 경험하고 나서 발생하는 심리적 반응이다.

'트라우마'나 '외상 후 스트레스 장애'는 삶에서 한순간도 잊혀지지 않는다. 하나님께서 망각의 선물로 주셨지만 '트라우마'나 '외상 후 스트레스 장애'는 망각의 선물에서 제외 대상이다. 그 결과 대부분의 사람들은 '트라우마'나 '외상 후 스트레스 장애'를 평생 떠안고 살아간다.

필자도 어릴 적 썰매를 타다가 눈을 다쳤다. 어느 순간 그 장면이 떠올라 오면 몸서리가 쳐진다. 눈의 상처는 사라졌지만 마음의 상처는 영원히 남아있다. 이와 같이 사람들은 받은 상처는 평생을 껴안고 살아간다.

그리스도인은 영적 '트라우마'나 영적 '외상 후 스트레스 장애'를 껴안고 살아야 한다. 그리스도인은 하나님께서 하신 일에 평생 잊히지 않아야 하기 때문이다. 우리가 구원의 감격을 경험한 순간, 들려진 하나님의 말씀, 기도의 응답 등 하나님의 은혜를 평생 껴안고 살아가야 한다.

현실은 그렇지 않다. 그리스도인들은 하나님께서 응답해 주지 않으신 것, 힘들 때 내 편 들어주지 않은 것 때문에 섭섭해하면서 살아간다.

필자는 아내에게 섭섭한 것이 있다. 아들 한 명을 낳은 뒤 딸을 낳아주지 않은 것이다. 그리스도인은 하나님께서 베푸신 은혜만을 평생 기억하며 살아가야 한다.

오늘 이스라엘은 마른 땅을 밟고 요단을 건넌 것을 기억하고 살아가고자 한다. 그리고 후손들까지 기억하며 살자고 한다. 하나님께서 하신 것 기억하며 사는 것이 신앙생활이기 때문이다.

(3) 23-24절 질문하기

① 요약하기: 기적은 하나님의 강함을 고백하고 경외하도록 하기 위함이다.
② 의미화하기: 사랑
③ 질문하기: 하나님께서 일하실 때마다 나타나는 것은?
④ 답변하기: (아래와 같다)

세상은 하나님의 말씀에 의해 창조됐다. 우리도 하나님에 의해 창조됐다. 이 세상 모든 것도 마찬가지다. 세상에 창조된 모든 피조물은 하나님께서 일하신 결과들이다. 창세기 1장은 하나님의 창조물에 대해 "보시기에 좋았다"라고 말씀하신다.

"사람은 태어나는 것이 아니라 만들어지는 것이다"라는 말이 있다.

첫째, 사람은 하나님의 말씀에 의해 만들어진다.
둘째, 사람은 세상의 교육에 의해 만들어진다.

그리스도인은 세상의 교육의 도움도 받지만 전적으로 하나님의 말씀에 의해 만들어진다.

하나님께서 인간을 만드신 것은 하나님의 사랑 때문이다. 우리와 같은 죄인을 구원하신 것도 하나님의 사랑 때문이다. 지금도 우리 위해 기도하시는 것도 사랑 때문이다. 하나님의 사랑은 세상을 살 만한 곳으로 만드셨다. 그리스도인이 세상을 행복하게 살 수 있도록 만들어 놓으셨다.

하나님께서 일하시면 나타나는 것이 하나님의 사랑이다. 사람들이 일하면 나타나는 것이 비난과 폭력이다. 결국 세상에 필요한 것도 하나님의 사랑이다. 사람에게 필요한 것도 하나님의 사랑이다. 인간의 사랑은 변수가 많다. 하나님의 사랑은 변수가 없다. 언제나 일정하시다.

인간의 사랑은 변덕적이다. 그 결과 사랑의 탈을 쓴 탐욕만 가득하다. 세상의 불평등 심화는 인간의 탐욕의 끝이 어디인지 보여준다. 히틀러의 탐욕으로 제2차 세계대전이 일어났다. 일본의 야욕으로 우리나라는 36년간 일제의 통치를 받았다. 아담과 하와의 탐욕으로 세상에 죄악이 가득했다.

이스라엘이 가나안 땅에 입성한 것은 하나님의 사랑 때문이었다. 이 땅은 인간의 의도로 들어간 땅이 아니다. 하나님께서 약속하셨기에 들어간 땅이다. 하지만 인간의 탐욕으로 출애굽 한 지 40년 만에 약속의 땅을 입성했다.

가나안 땅은 하나님의 사랑의 선물이다. 이 땅을 살 만한 땅으로 만드는 것은 우리가 해야 한다. 하나님의 사랑에 감사함을 보여주어야 한다. 우리가 한 행동에 하나님의 사랑이 나타나야 한다. 그럼 하나님께서도 하나님의 사랑이 나타나도록 끝까지 일하신다.

(4) 전체 질문하기

① 요약하기: 이스라엘은 하나님께서 하신 일을 기념했다.
② 의미화하기: 가슴에 새김
③ 질문하기: 성도는 하나님께서 하신 일을 어떻게 대해야 하는가?
④ 답변하기: (아래와 같다)

우리는 목적이 분명한 삶을 살아야 한다. 하나님 나라 확장이라는 목적을 갖고 살아야 한다. 하나님 나라 확장의 분명한 목적으로 살려면 늘 하나님으로부터 은혜를 공급받아야 한다.
은혜를 받지 못하면 목적 없는 삶을 살게 된다. 목적 없는 삶은 방향을 잃은 삶이다. 종종 듣는 말이 있다.
"속도가 아니라 방향이다."
이 말은 제대로 된 방향을 설정하고 살라는 말이다. 아무리 속도가 빨라도 방향이 다르면 훨씬 더 많은 시간이 소요된다.
그리스도인의 삶의 방향은 하나님이다. 목적이 하나님 뜻 성취여야 한다. 그리스도인이 하나님의 뜻을 성취하려면 반드시 해야 할 것이 있다. 하나님을 가슴에 새기며 사는 것이다.

교회 '간판'은 밤만 되면 불을 밝힘으로 사명을 다한다. 간판을 건물 한 쪽에 달았기 때문이다. 그리스도인은 하나님이 가슴에 새겨져 있어야 한다. 만약 가슴에 새겨져 있지 못하면, 사명을 헌신짝처럼 버린다. 그리스도인은 세상을 살 때 먼저 할 일이 있다. 하나님을 가슴에 새기는 것부터 해야 한다.

'오늘 내가 어떻게 살 것인가?'에 대한 답을 할 때도 하나님을 가슴에 새긴 상태로 답변해야 한다. 그럴 때 하나님께서 기뻐하실 수 있는 하루로 살 수 있다.

새로운 일 년을 시작할 때도 하나님의 말씀을 가슴에 새기고 살아야 한다. 평생을 살 때도 마찬가지다. 하나님이 나를 이 땅에 태어나게 한 이유를 알고 살아야 한다. 그럴 때 하나님의 통치가 이 세상 가운에 이루어진다.

이스라엘과 그 후손이 하나님을 기념하려면 가슴에 새겨질 때만 가능하다. 만약 새겨져 있지 않다면 하나님을 기념하는 것은 몇년 가지 못한다. 결국 이스라엘은 하나님을 가슴에 새기지 않아 시대에 접어들자마자 자기 소견에 좋을 대로 살아갔다.

그리스도인은 먼저 하나님을 가슴에 새기며 살아가야 한다. 그럼 그다음 하나님께서 우리를 가슴에 새기신다. 그럼 창세기 22장에서 아브라함에게 하신 것처럼 우리가 무슨 일을 하든지 하나님께서 함께해 주신다.

2) 낯설게 적용하기 (메시지 만들기)

① 적용하고 싶은 내용 및 단어: "(하나님께서 하신 일을) 기억하라"
② 낯선 개념 만들기: 선순환과 악순환
③ 개념으로 적용쓰기: (아래와 같다)

순환에는 선순환이 있고 악순환이 있다. 순환이 안 되면 막힌다. 막히면 큰일난다. 화장실이 막히면 아주 난감하다. 반대로 선순환이 되면 행복하다. 하나님을 가슴에 새긴 사람은 선순환이 일어난다. 하나님을 가슴에 새기지 않은 사람은 악순환이 일어난다.

삶에는 도움이 되는 삶이 있고 도움이 되지 않는 삶이 있다. 선순환은 도움이 되는 삶이다. 악순환은 도움이 되지 않는 삶이다. 생명의 역사는 도움이 되는 삶이다. 악의 역사는 도움이 아니라 피해가 되는 삶이다.

'악의 축'이란 말이 있다. 세상 평화에 도움이 아니라 위험만 된다는 말이다. 하나님을 기억하며 살아야 한다. 하나님을 기억하면 선순환이 일어난다. 하나님을 기억하지 않으면 악순환이 일어난다. '악의 축'이 아니라 '성령의 역사'가 일어난다.

선순환이 일어나면 생명의 역사가 일어난다. 이런 선순환을 만드는 것은 세상이 아니다. 하나님이시다. 하나님은 세상을 아름답게 만들고자 하신다. 인간은 세상을 탐욕으로 파괴하려고 한다.

바벨탑을 쌓은 것, 소돔과 고모라 성처럼 타락한 성 만든 것은 인간이다. 예수님을 십자가에서 죽이심으로 온 인류의 죄를 해결하신 분은 하나님이시다.

타락의 악순환은 인간이 만든다. 생명의 선순환은 하나님이 만드신다. 그리스도인이 선순환을 만들고 싶다면 하나님을 기억하며 살아야 한다. 하나님 안에서만 선순환을 만들어질 수 있기 때문이다.

3. 제목 잡기(주제 잡기)

1) 내용 분류

이스라엘: 첫째 달 십일에 백성이 요단에서 올라와 여리고 동쪽 경계 길갈에 진 쳤다. 후일에 그들의 아버지에게 묻기를 이 돌들은 무슨 뜻이냐고 묻는다. 자손들에게 하나님께서 하신 일이 이스라엘이 요단강 마른 땅을 밟고 이 요단을 건넜음을 말해주어야 한다. 하나님 여호와를 항상 경외해야 한다.

여호수아: 여호수아가 요단에서 가져온 그 열두 돌을 길갈에 세웠다. 이스라엘 자손들에게 하나님께서 하신 일을 말하라고 한다. 너희는 너희의 자손들에게 알게 하여 이르기를 이스라엘이 마른 땅을 밟고 이 요단을 건넜음이라고 말하라. 이스라엘에게 하나님 여호와께서 요단 물을 너희 앞에서 마르게 하심과 건너게 하심을 후손에게 말하라고 한다. 여호수아는

> 땅의 모든 백성이 여호와의 손이 강하신 것을 알기 원한다. 이스라엘이 하나님 여호와를 항상 경외하게 하려 하심을 알라고 한다.
> 하나님: 여호와께서 요단 물을 마르게 하신 후 이스라엘을 건너게 하셨다. 이는 모든 사람 앞에서 홍해를 말리시고 우리를 건너게 하심과 같다. 하나님의 손은 강하시다, 이스라엘로부터 경외함 받기 원하신다.

2) 공통어 찾기: "하나님께서 하셨다"

> 하나님: 하나님께서 하셨다.
> 여호수아: 하나님께서 하셨다고 한다.
> 이스라엘: 하나님께서 하신 일 후손에게 전해야 한다.

3) 의미화하기: "새긴다"

4) 제목 만들기: "신앙생활은 하나님을 가슴에 새기는 것이다"

5) 본문과 제목 연결하기(제목 잡게 된 동기 혹은 이유 쓰기)

> 신앙생활은 일류로 해야 한다. 신앙생활에서 일류와 삼류의 차이는 '자기를 중심으로 하느냐, 아니면 하나님을 중심으로 하느냐'다. 자

기가 중심이면 이는 삼류가 된다. 하지만 하나님이 중심이면 이는 일류가 된다.

여호수아는 신앙생활을 하나님을 중심으로 하자고 말한다. 하나님 중심으로 신앙생활 하기 위해 세운 것이 열두 기념 돌이다.

공부 잘하는 학생은 책 내용을 머릿속에 새긴다. 반대로 공부를 잘 못하는 학생은 머릿속에 책 내용이 새겨진 것이 없다. 그러므로 머릿 속에 새겨짐의 여부가 공부를 잘 하는가의 여부를 결정짓는다.

신앙생활도 마찬가지다. 우리는 신앙생활을 삼류가 아니라 일류로 해야 한다.

그럼 왜 일류로 해야 하는가?

하나님께서 일류이시기 때문이다. 하나님께서 일류이기 때문에 우리는 일류의 신앙생활을 해야 한다. 또한 일류의 삶을 살아야 한다.

문제는 하나님께서 일류인데 우리는 삼류로 산다는 것이다. 삼류 신앙생활은 하나님을 빙자해 자기 이익을 취한다. 일류의 신앙생활은 자기를 쳐 복종해 하나님만 높인다. 어떤 것도 하나님 외에는 내세우지 않는다. 일류의 신앙생활을 하는 법은 간단하다. 하나님을 가슴에 새기면 된다.

4. 본문 깊이 보기

1) 하나님의 마음과 의도

하나님은 여호수아와 이스라엘 사람들이 한 행동에 대해 감격스러워하신다. 이스라엘은 자신들의 편안함을 추구할 수 있었다. 하지만 하나님을 먼저 기념코자 한다. 그러니 눈물겹게 고맙다. 이스라엘을 더 사랑해 주고 싶다. 필요한 것 찾아서라도 도와주고 싶다.

이런 이스라엘을 본 하나님은 주고 싶은 것 있으면 다 주고 싶은 마음이다. 그 이유는 여호수아와 이스라엘 사람들이 하나님을 향한 초점 맞추기를 끝까지 하고자 하기 때문이다.

이스라엘은 하나님을 향한 기념비를 세우고자 한다. 이유는 후손에게까지 하나님을 기억할 수 있도록 하기 위함이다. 이스라엘이 하나님을 끝까지 기억하고자 하는 마음을 갖기 쉽지 않다. 말로만 할 수 있다. 행동으로 옮기는 것은 무척 어렵다. 하지만 이스라엘은 행동으로 옮긴다. 이스라엘 모습을 보신 하나님께서는 이스라엘의 해바라기라도 되고 싶으시다.

오늘 여호수아와 이스라엘 사람들은 하나님께서 하신 건널 수 없는 요단강을 건너게 하신 기억을 회상하고 있다. 평생 간직하고자 한다. 당대의 하나님을 기억하는 것에서 머물려 하지 않는다. 후손에게까지 기억하였으면 한다. 이는 하나님의 복이 후손들에게까지 내려가길 바람이다.

하나님은 이스라엘의 행동을 보고 눈 맞춤을 하신다. 평생 주시하시려는 행동이시다. 아이들은 부모와 눈 맞춤 하길 원한다. 오늘 하나님께서는 이스라엘로부터 눈을 떼지 못하신다. 고개만 돌리면 눈 맞춤 안 할 수 있다. 하나님은 고개를 돌릴 수 없으시다. 영원히 눈 맞춤 하길 바라신다. 하나님께서 눈 맞춤 하시려 하는 이유가 있다. 끝까지 이스라엘 백성의 편이 되어주고 싶으시기 때문이다.

2) 등장인물의 마음: "여호수아의 마음"

여호수아는 최고로 행복하다. 이 순간을 영원히 간직하고 싶다. 하나님께 받은 사랑을 평생 받고 싶은 마음이 크다. 그래서 하나님의 마음 안으로 깊숙이 들어가려 한다.

여호수아는 하나님을 생각할 때마다 가슴에 감격의 눈물로 채워진다. 감격의 눈물은 가나안 땅에 입성한 것이 아니다. 자신이 열두 기념 돌을 쌓은 것이 아니다. 하나님의 뜻이 이루어진 것에 대한 감격이다.

사람이라면 자신이 한 일을 내세우고 싶어진다. 그리고 누군가로부터 수고했다는 말을 듣고 싶어 한다. 여호수아는 정반대였다. 하나님을 위해서 할 일이 또 없을가를 생각했다. 그것은 하나님을 위해서 기념 돌을 세우는 것이다. 후손들이 하나님이 하신 것을 기억하게 해주는 것이다.

이런 생각을 하니 여호수아는 가슴이 뜨겁다 못해 불타오른다. 신앙생활에서 첫 사랑을 회복하라고 말한다. 하지만 여호수아는 예외다. 언제나 불타올랐기 때문이다. 지금은 더욱더 불타오르고 있을 뿐이다.

여호수아는 하나님의 말씀이 이루어짐의 목격자였다. 이젠 그 목격의 현장이 자신만이 아니라 후손에게까지 흘러들어가길 바란다. 이런 지금 벅찬 꿈을 꾸고 있다. 자신에게 역사하신 하나님께서 하신 일을 후손들도 맛보고 살길 바란다.

3) 주제를 잘 드러내는 단어 및 구절 연구: "너희 하나님"

'너희 하나님'이란 말씀이 23절과 24절에 총 3번 나온다. 3번이나 등장하는 것은 지금까지 일하신 분이 가나안 땅에 입성한 모두와 관계됐기 때문이다.

신앙에서 문제가 되는 것 중 하나가 무감각이다. 사람은 자신과 관계되지 않으면 감각하지 못한다. 이는 공감력의 문제가 아니라 관련성의 문제이기 때문이다.

여호수아는 '너희 하나님'이란 말을 통해 나와 직접 연결된 분이 하나님이란 사실을 새기라고 한다. 그렇다. 하나님은 남의 하나님이 아니라 '나의 하나님'이다.

부모가 있으면 자녀들이 용기 있게 살아간다. 그리스도인에게 하나님이 '나의 하나님'이 되면 두려움 없이 담대함으로 살아간다. 이런 마음이 하나님께서 원하시는 삶을 살게 한다.

아내에게 필요한 것은 '남의 편'이 아니라 '내 편'이다. 마찬가지로 그리스도인에게 필요한 것은 하나님을 '나의 하나님'으로 인지하며 살아가는 것이다.

4) 지금 주는 의미(현대에 주는 의미)

> 그때: 하나님께서 하신 일 대대로 지켜야 한다.
> 지금: 하나님께 받은 세상 적인 복은 세습을 해서라도 가족의 것 만들자고 한다.

여호수아 당시에는 애굽에서 400년 종살이를 했기 때문에 영적인 것을 중시했다. 어떻게 해서라도 하나님을 삶의 중심에 놓으려 했다. 그래서 영적인 계승을 원했다. 하지만 지금은 풍요롭게 사니 세상 것의 계승을 원한다. 부의 세습을 원한다. 교회의 세습을 추구한다.

사람들은 세상 것에 관심이 많다. 그리스도인은 결코 영적이지 않다. 우선 육적이다. 그 이유는 영적은 것은 어렵고, 육적인 것은 쉽기 때문이다.

여호수아는 영적인 곳에 올인(All-in) 했다. 지금은 세상 것에 올인한다. 그럴지라도 그리스도인은 영적인 것에 올인 해야 한다. 세상 사람은 쉬운 것을 하려고 한다. 그리스도인은 어려운 것을 하고자 해야 한다. 그럴 때 하나님을 대대로 믿는 가정이 될 수 있다.

쉬운 것은 누구나 할 수 있다. 어려운 것은 대부분 못한다. 초등학교 1학년 학생에게 더하기는 쉽지만 나누기는 것은 어렵다. 그리스도인은 쉬운 것이 아니라 어려운 것을 해야 한다. 어려운 영적인 것을 쫓아 살려고 해야 한다.

　예수님은 우리를 위해 십자가에 달려 죽으셨다. 즉, 아주 어려운 것을 택해서 행하셨다. 그렇다면 우리도 쉬운 세상의 복을 세습하려고 하면 안 된다. 하나님의 영적인 복을 세습하려 해야 한다. 복을 내 주머니에만 채우려 하면 안 된다. 하나님이 주신 복을 다른 사람과 나누려고 해야 한다. 영적인 것을 우선시하고 나누는 사람이 그리스도인이다.